les héritiers

autres ouvrages de pierre bourdieu et jean-claude passeron

LES ÉTUDIANTS ET LEURS ÉTUDES, Ed. Mouton, 1964.

RAPPORT PÉDAGOGIQUE ET COMMUNICATION, Ed. Mouton, 1965 (en collaboration avec M. de Saint-Martin).

LA REPRODUCTION, 1970, nouvelle édition 1971.

autres ouvrages de pierre bourdieu

SOCIOLOGIE DE L'ALGÉRIE, P. U. F., 1958, nouvelle édition 1961.

TRAVAIL ET TRAVAILLEURS EN ALGÉRIE, Ed. Mouton, 1964 (en collaboration avec A. Darbel, J.-P. Rivet et C. Seibel).

LE DÉRACINEMENT, Ed. de Minuit, 1964 (en collaboration avec A. Sayad).

UN ART MOYEN, Ed. de Minuit, 1965.

L'AMOUR DE L'ART, Ed. de Minuit, 1966, nouvelle édition 1969 (en collaboration avec A. Darbel).

ZUR SOZIOLOGIE DER SYMBOLISCHEN FORMEN, Frankfurt-am-Main, Suhrkamp, 1970.

ESQUISSE D'UNE THÉORIE DE LA PRATIQUE, précédée de trois études d'ethnologie kabyle, Ed. Droz. Genève, 1972.

autres ouvrages de jean-claude passeron

LA RÉFORME DE L'UNIVERSITÉ, Calmann-Lévy, 1966 (en collaboration avec G. Antoine).

ÉDUCATION, DÉVELOPPEMENT ET DÉMOCRATIE, Ed. Mouton, 1967 (en collaboration avec R. Castel).

pierre bourdieu et jean·claude passeron

les héritiers

les étudiants et la culture

LES ÉDITIONS DE MINUIT

© 1964 by LES ÉDITIONS DE MINUIT
7, rue Bernard-Palissy — Paris-6ᵉ
Tous droits réservés pour tous pays
ISBN 2.7073.0081.0

avertissement

Cet essai se fonde principalement sur un ensemble d'enquêtes que nous avons réalisées dans le cadre du Centre de sociologie européenne et dont les résultats complets ont paru ailleurs (1), sur des statistiques fournies par l'I. N. S. E. E. et le B. U. S. et sur des études monographiques ou des pré-enquêtes réalisées par nous ou, sous notre direction, par des étudiants en sociologie de Lille et de Paris, constitués en groupes de travail universitaire ou isolés : l'interconnaissance chez les étudiants (G. T. U. de Lille), l'anxiété devant les examens (par B. Vernier), une tentative d'intégration (G. T. U. de Lille), le loisir chez les étudiants (par G. Le Bourgeois), l'étudiant vu par les étudiants (G. T. U. de Paris), le groupe de théâtre antique de la Sorbonne et son public (G. T. U. de Paris).

Si nous n'avons fait état que rarement de diverses autres enquêtes portant sur l'ensemble de la population étudiante ou sur d'autres facultés (les étudiants et la politique, les utilisateurs de la bibliothèque universitaire de Lille, les étudiants en médecine, les étudiantes), bref, si les étudiants en lettres tiennent une place particulière dans nos analyses, c'est, on le verra, qu'ils réalisent de façon exemplaire le rapport à la culture que nous avons pris pour objet (2). Enfin, nous n'ignorons pas qu'en choisissant d'isoler dans un ensemble de recherches en cours sur la culture et l'éducation une analyse du privilège culturel, nous nous exposons à paraître réduire à une seule l'univers des questions possibles. Mais ne fallait-il pas courir ce risque pour saisir le problème fondamental que la problématique rituelle en la matière réussit presque toujours à dissimuler ?

---

(1) Pierre Bourdieu et Jean-Claude Passeron, *Les étudiants et leurs études,* Cahiers du Centre de sociologie européenne, publication de l'Ecole pratique des hautes études, Mouton et C°, Paris, 1964.

(2) Cf. *infra,* p. 19.

CHAPITRE 1
LE CHOIX DES ÉLUS

« Chez les Indiens d'Amérique du Nord, le comportement de visionnaire était hautement stylisé. Le jeune homme qui n'avait pas encore « cherché une vision » était habituellement amené à entendre les nombreux récits des visions qu'avaient eues les autres hommes, récits décrivant en détail le type d'expérience qui devait être considéré comme une « vraie vision » et le type de circonstance spéciale (...) qui validait une rencontre surnaturelle et, par suite, conférait au visionnaire le pouvoir de chasser, de mener une entreprise guerrière, et ainsi de suite. Chez les Omaha, cependant, les contes ne donnaient pas de détails sur ce que les visionnaires avaient vu. Un examen plus approfondi faisait apercevoir clairement que la vision n'était pas une expérience mystique démocratiquement accessible à quiconque la recherchait mais bien une méthode soigneusement gardée pour conserver à l'intérieur de certaines familles l'héritage de l'appartenance à la société des sorciers. En principe, l'entrée dans la société était validée par une vision librement recherchée, mais le dogme selon lequel une vision était une expérience mystique non spécifiée que tout jeune homme pouvait rechercher et trouver, était contrebalancé par le secret, très soigneusement gardé, concernant tout ce qui constituait une vision véritable. Les jeunes gens qui désiraient entrer dans la puissante société devaient se retirer dans la solitude, jeûner, revenir et raconter leurs visions aux anciens, cela pour se voir annoncer, s'ils n'étaient pas membres des familles de l'élite, que leur vision n'était pas authentique. »

MARGARET MEAD, *Continuities in Cultural Evolution*

Suffit-il de constater et de déplorer l'inégale représentation des différentes classes sociales dans l'enseignement supérieur pour être quitte, une fois pour toutes, des inégalités devant l'Ecole ? Lorsqu'on dit et redit qu'il n'y a que 6 % de fils d'ouvriers dans l'enseignement supérieur, est-ce pour en tirer la conclusion que le milieu étudiant est un milieu bourgeois ? Ou bien, en substituant au fait la protestation contre le fait, ne s'efforce-t-on pas, le plus souvent avec succès, de se persuader qu'un groupe capable de protester contre son propre privilège n'est pas un groupe privilégié ?

Sans doute, au niveau de l'enseignement supérieur, l'inégalité initiale des diverses couches sociales devant l'Ecole apparaît d'abord dans le fait qu'elles y sont très inégalement représentées. Encore faudrait-il observer que la part des étudiants originaires des diverses classes ne reflète qu'incomplètement l'inégalité scolaire, les catégories sociales les plus représentées dans l'enseignement supérieur étant en même temps les moins représentées dans la population active. Un calcul approximatif des chances d'accéder à l'Université selon la profession du père fait apparaître que celles-ci vont de moins d'une chance sur cent pour les fils de salariés agricoles à près de soixante-dix pour les fils d'industriels et à plus de quatre-vingts pour les fils de membres des professions libérales. Cette statistique montre à l'évidence que le système scolaire opère, objectivement, une élimination d'autant plus totale que l'on va vers les classes les plus défavorisées. Mais on aperçoit plus rarement certaines formes plus cachées de l'inégalité devant l'Ecole comme la relégation des enfants des classes inférieures et moyennes dans certaines disciplines et le retard ou le piétinement dans les études.

On lit dans les chances d'accéder à l'enseignement supérieur le résultat d'une sélection qui, tout au long du parcours scolaire, s'exerce avec une rigueur très inégale selon l'origine sociale des sujets ; en fait, pour les classes les plus défavorisées, il s'agit purement et simplement d'*élimination* (1). Un fils de cadre supérieur a quatre-vingts fois plus de chances d'entrer à l'université qu'un fils de salarié agricole et quarante fois plus qu'un fils d'ouvrier ; ses chances sont encore le double de celles d'un fils de cadre moyen. Ces statistiques permettent de distinguer quatre niveaux d'utilisation de l'enseignement supérieur : les catégories les plus défavorisées n'ont guère aujourd'hui que des chances symboliques d'envoyer leurs enfants en faculté (moins de cinq chances sur cent) ; certaines catégories moyennes (employés, artisans, commerçants) dont la part s'est accrue dans les dernières années, ont entre dix et quinze chances sur cent ; on observe ensuite un doublement des chances avec les cadres moyens (près de trente chances sur cent) et un autre doublement avec les cadres supérieurs et les professions libérales, dont les chances approchent de soixante sur cent. Même si elles ne sont pas estimées consciemment par les intéressés, des variations aussi fortes dans les chances scolaires objectives s'expriment de mille manières dans le champ des perceptions quotidiennes et déterminent, selon les milieux sociaux, une image des études supérieures comme avenir « impossible », « possible » ou « normal » qui devient à son tour un déterminant des vocations scolaires. L'expérience de l'avenir scolaire ne peut être la même pour un fils de cadre supérieur qui, ayant *plus d'une chance sur deux* d'aller en faculté, rencontre nécessairement autour de lui, et même dans sa famille, les études supérieures comme un destin banal et quotidien, et pour le fils d'ouvrier qui, ayant *moins de deux chances sur cent* d'y accéder, ne connaît les études et les étudiants que par personnes ou par milieux interposés.

Si l'on sait que les relations extra-familiales s'étendent à mesure qu'on s'élève dans la hiérarchie sociale, tout en restant en chaque cas socialement homogènes, on voit que l'espérance subjective d'accéder à l'enseignement supérieur

---

(1) Voir ci-contre tableau n° I et graphiques pages 14, 15 et 16. On trouvera en appendice différentes statistiques sur la population étudiante et une note sur la méthode employée pour calculer les chances d'accéder à l'enseignement supérieur et les probabilités de faire tel ou tel type d'étude selon l'origine sociale et le sexe.

Tableau I. LES CHANCES SCOLAIRES SELON L'ORIGINE SOCIALE
(1961-1962)

CATÉGORIE SOCIO-PROFESSIONNELLE DES PARENTS		Chances objectives (probabilités d'accès)	PROBABILITÉS CONDITIONNELLES				
			DROIT	SCIENCES	LETTRES	MÉDECINE	PHARMACIE
Salariés agricoles ..	H	0,8	15,5	44,0	36,9	3,6	0
	F	0,6	7,8	26,6	65,6	0	0
	Ens.	**0,7**	**12,5**	**34,7**	**50,0**	**2,8**	**0**
Agriculteurs (1) ...	H	4,0	18,8	44,6	27,2	7,4	2,0
	F	3,1	12,9	27,5	51,8	2,9	4,9
	Ens.	**3,6**	**16,2**	**37,0**	**38,1**	**5,6**	**3,1**
Personnel de service	H	2,7	18,6	48,0	25,3	7,4	0,7
	F	1,9	10,5	31,1	52,6	4,7	1,1
	Ens.	**2,4**	**15,3**	**41,3**	**37,0**	**5,5**	**0,9**
Ouvriers	H	1,6	14,4	52,5	27,5	5,0	0,6
	F	1,2	10,4	29,3	56,0	2,6	1,7
	Ens.	**1,4**	**12,3**	**42,8**	**39,9**	**3,6**	**1,4**
Employés	H	10,9	24,6	46,0	17,6	10,1	1,7
	F	8,1	16,0	30,4	44,0	6,1	3,5
	Ens.	**9,5**	**21,1**	**39,4**	**28,6**	**8,6**	**2,3**
Patrons de l'industrie et du commerce (1)	H	17,3	20,5	40,3	24,9	11,0	3,3
	F	15,4	11,7	21,8	55,7	4,8	6,0
	Ens.	**16,4**	**16,4**	**31,8**	**39,1**	**8,1**	**4,6**
Cadres moyens	H	29,1	21,0	38,3	30,2	8,5	2,0
	F	29,9	9,1	22,2	61,9	3,4	3,4
	Ens.	**29,6**	**15,2**	**30,5**	**45,6**	**6,0**	**2,7**
Professions libérales et cadres supérieurs	H	58,8	21,8	40,0	19,3	14,7	4,2
	F	57,9	11,6	25,7	48,6	6,5	7,6
	Ens.	**58,5**	**16,9**	**33,3**	**33,2**	**10,8**	**5,8**

(1) Il s'agit, dans ces deux cas, de pures *catégories statistiques,* comprenant des groupes sociaux fort divers : la catégorie des agriculteurs regroupe tous les exploitants agricoles quelle que soit la taille de leur exploitation et la catégorie des patrons de l'industrie et du commerce comprend, outre les artisans et les commerçants, les industriels qu'il n'a pas été possible d'isoler dans ces calculs mais dont on peut établir autrement qu'ils comptent parmi les plus forts utilisateurs de l'enseignement supérieur (Cf. Appendice I, tableau 1. 9). Une lecture prudente du tableau veut donc qu'on s'attache de préférence aux catégories les plus homogènes.

	PERSONNES ACTIVES (total en millions)	ETUDIANTS (total en milliers)
SALARIÉS AGRICOLES	0,83	1,2
OUVRIERS	7	13,6
PERSONNEL DE SERVICE	1	1,9
AGRICULTEURS	3	11,8
EMPLOYÉS	2,42	16,7
PATRONS INDUSTRIELS ARTISANS COMMERCANTS	2	37,5
CADRES MOYENS	1,5	37,9
PROFESSIONS LIBÉRALES CADRES SUPERIEURS	0,76	60,4
SANS PROFESSION	?	14,8
AUTRES CATÉGORIES	0,6	16,4
(PATRONS INDUSTRIELS)	0,08	8,4

REPRÉSENTATION GRAPHIQUE DES CHANCES SCOLAIRES SELON L'ORIGINE SOCIALE *

* Nous remercions M. Bertin pour les représentations graphiques des pages 14, 15 et 16 qui ont été établies au laboratoire de cartographie de l'Ecole pratique des hautes études.

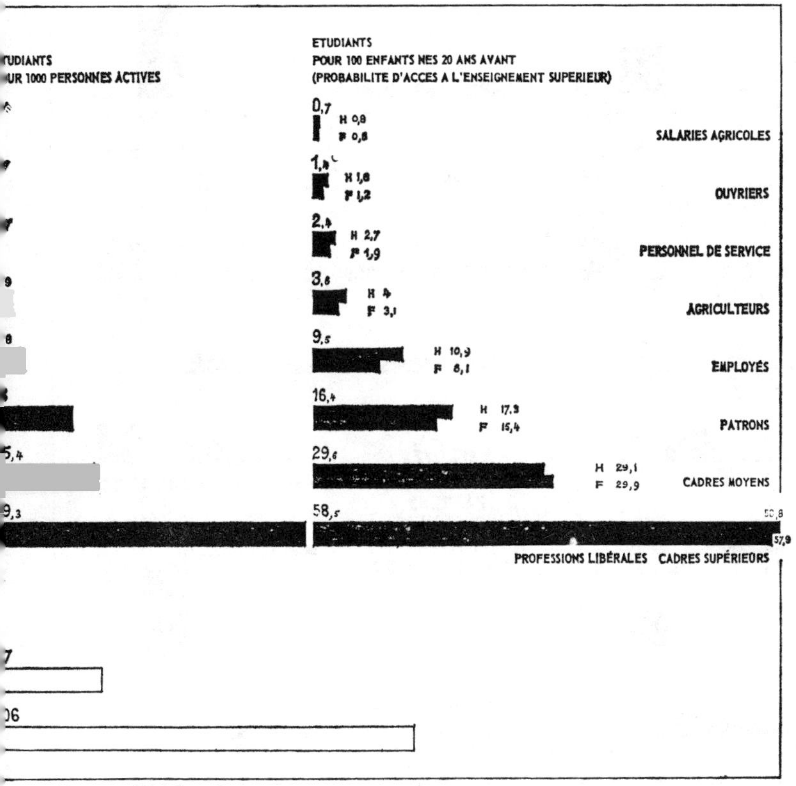
ETUDIANTS
POUR 100 ENFANTS NES 20 ANS AVANT
(PROBABILITE D'ACCES A L'ENSEIGNEMENT SUPERIEUR)
0,7
H 0,8
F 0,6
SALARIES AGRICOLES
H 1,6
F 1,2
OUVRIERS
2,4
H 2,7
F 1,9
PERSONNEL DE SERVICE
3,6
H 4
F 3,1
AGRICULTEURS
9,5
H 10,9
F 8,1
EMPLOYÉS
16,4
H 17,3
F 15,4
PATRONS
29,6
H 29,1
F 29,9
CADRES MOYENS
58,5
57,9
PROFESSIONS LIBÉRALES CADRES SUPÉRIEURS

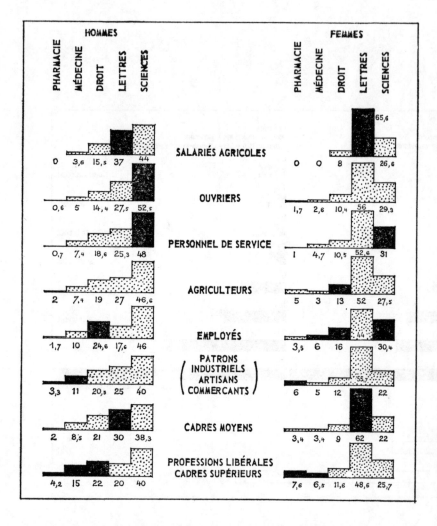

PROBABILITÉ D'ACCÈS A UNE DISCIPLINE
DONNÉE SELON L'ORIGINE SOCIALE ET LE SEXE

On a souligné en noir les deux plus fortes tendances par discipline. Le classement des disciplines a été fait en fonction du nombre d'étudiants inscrits dans chacune d'entre elles et le classement des catégories socioprofessionnelles selon le taux de probabilité d'accès à l'enseignement supérieur.

tend à être, pour les plus défavorisés, encore plus faible que les chances objectives.

Dans cette distribution inégale des chances scolaires selon l'origine sociale, garçons et filles sont *grosso modo* à égalité. Mais le léger désavantage des filles se marque plus nettement dans les basses classes : si, globalement, les filles ont un peu plus de huit chances sur cent d'accéder à l'enseignement supérieur quand les garçons en ont dix, la différence est plus forte au bas de l'échelle sociale, tandis qu'elle tend à s'amoindrir ou à s'annuler chez les cadres supérieurs et les cadres moyens.

Le désavantage scolaire s'exprime aussi dans la *restriction du choix* des études qui peuvent être raisonnablement envisagées par une catégorie donnée. Ainsi le fait que les chances d'accès à l'université soient assez proches pour les garçons et les filles de même origine sociale ne doit pas cacher qu'une fois entrés en faculté les uns et les autres ont de fortes chances de ne pas faire les mêmes études. D'abord, et quelle que soit l'origine sociale, les études de lettres sont toujours les plus probables pour les filles et les études de sciences les plus probables pour les garçons : on reconnaît là l'influence des modèles traditionnels de la division du travail (et des « dons ») entre les sexes. Plus généralement, les filles sont davantage condamnées aux facultés des lettres et des sciences qui préparent à une profession enseignante : les filles de salariés agricoles qui accèdent à l'enseignement supérieur ont 92,2 % de chances de se trouver dans l'une ou l'autre de ces deux facultés, alors que les garçons de même origine n'en ont que 80,9 % ; les chiffres sont ensuite respectivement de 85,3 et 80 % pour les filles et fils d'ouvriers, de 74,4 et 63,6 % pour les filles et fils d'employés, de 84,1 et 68,5 % pour les filles et fils de cadres moyens et de 74,3 et 59,3 % pour les filles et fils de cadres supérieurs.

Le choix a d'autant plus de chances d'être limité que les étudiantes appartiennent à un milieu plus défavorisé. On peut voir dans le cas des filles de cadres moyens et des filles de cadres supérieurs une illustration de cette logique qui veut que l'on paie d'une restriction des choix plus ou moins sévère selon l'origine sociale l'entrée dans l'enseignement supérieur. C'est en effet au niveau des cadres moyens que les chances d'accès des filles rejoignent celles des garçons mais au prix d'une relégation dans les facultés des lettres (61,9 % des chances) plus nette que pour toutes les autres catégories sociales (à l'exception des salariés agricoles) ; au contraire, lorsqu'elles sont originaires de la couche sociale supérieure, les filles, avec des chances d'accès sensiblement égales à celles des garçons, voient s'atténuer la rigueur de cette condamnation aux facultés des lettres (48,6 % des chances).

En règle générale, la restriction des choix s'impose aux basses classes plus qu'aux classes privilégiées et aux étudiantes plus qu'aux étudiants, le désavantage étant d'autant plus marqué pour les filles qu'elles sont de plus basse origine (1).

En définitive, si le désavantage qui tient au sexe s'exprime principalement par la relégation dans les facultés des lettres, le désavantage qui tient à l'origine sociale est le plus lourd de conséquences puisqu'il se manifeste à la fois par l'élimination pure et simple des enfants issus des couches défavorisées et par la restriction des choix offerts à ceux d'entre eux qui échappent à l'élimination. Ainsi ces étudiants doivent payer par le choix forcé des lettres ou des sciences leur entrée dans l'enseignement supérieur qui a pour eux deux portes et non cinq : les études de droit, de médecine ou de pharmacie représentent 33,5 % des chances pour les fils et filles de cadres supérieurs, 23,9 % pour les fils et filles de cadres moyens, 17,3 % pour les fils et filles d'ouvriers et 15,3 % pour les fils et filles de salariés agricoles.

Mais les chances conditionnelles de s'inscrire dans les facultés des lettres pour les étudiants issus d'une catégorie sociale donnée ne traduisent que d'une manière brouillée la *relégation* des sujets issus des classes les plus défavorisées. En effet, un deuxième phénomène interfère ici avec le premier : la faculté des lettres et, à l'intérieur de celle-ci, des disciplines comme la sociologie, la psychologie ou les langues peuvent aussi servir de *refuge* pour les étudiants des classes les plus scolarisées qui, socialement « obligés » à une scolarité supérieure, s'orientent par défaut d'une vocation positive vers ces études qui leur fournissent au moins l'apparence d'une raison sociale. La part relative des étudiants en lettres, issus d'une catégorie sociale donnée a donc une signification équivoque parce que la faculté des lettres peut être pour les uns un choix forcé et pour les autres un refuge.

S'il est vrai que l'accessibilité inégale des différentes disciplines conduit au phénomène de la relégation, on peut s'attendre que la hiérarchie des institutions d'ensei-

---

(1) Ces commentaires visent à restituer les tendances qu'on aperçoit dans les probabilités conditionnelles et qui, presque toujours, hiérarchisent les chances en fonction de l'origine sociale ; mais il faudrait remarquer que la catégorie des employés brise souvent les tendances les plus affirmées : ainsi les chances de faire de la médecine sont plus élevées pour les étudiants et les étudiantes appartenant à des familles d'employés que pour les étudiants et les étudiantes fils et filles de cadres moyens ; ou encore, ce sont les fils et filles d'employés qui ont les plus fortes chances (conditionnelles) de faire des études de droit. On saisit sans doute là certaines conséquences de l'attitude de la toute petite bourgeoisie face aux études et à l'ascension sociale.

gnement conduise à l'accaparement des plus hautes par les plus favorisés. Et de fait, c'est à l'Ecole normale supérieure et à l'Ecole polytechnique que la proportion des élèves issus des milieux privilégiés atteint son maximum, soit respectivement 57 % et 51 % de fils de cadres supérieurs et de membres des professions libérales, et 26 % et 15 % de fils de cadres moyens (1).

Dernière manifestation de l'inégalité devant l'Ecole, le *retard* et le *piétinement* des étudiants des classes les plus défavorisées peut être saisi à tous les niveaux du *cursus* : ainsi la part des étudiants qui ont l'âge modal (c'est-à-dire l'âge le plus fréquent à ce niveau) décroît à mesure que l'on va vers les classes les plus défavorisées, la part relative des étudiants de basse origine tendant à croître dans les classes d'âge les plus élevées (2).

S'il est vrai que le choix forcé des facultés des sciences et des lettres est une manifestation du désavantage scolaire qui s'attache aux sujets des classes inférieures et moyennes (lors même qu'ils parviennent à vivre ce destin comme vocation), s'il est vrai que les études de sciences semblent moins liées à l'origine sociale (3) et si l'on accorde enfin que c'est dans l'enseignement littéraire que l'influence de l'origine sociale se manifeste le plus clairement, il semble légitime de voir dans les facultés des lettres le terrain par excellence pour étudier l'action des facteurs culturels de l'inégalité devant l'Ecole, dont la statistique, opérant une coupe synchronique, ne révèle que l'aboutissement, élimination, relégation et retardement. Le paradoxe veut en effet que les plus désavantagés culturellement ne subissent jamais autant leur désavantage que là même où ils sont relégués par l'action de leurs désavantages.

Les obstacles économiques ne suffisent pas à expliquer que les taux de « mortalité scolaire » puissent différer autant selon les classes sociales. N'en aurait-on aucun autre indice et ignorerait-on les voies multiples et souvent détournées par lesquelles l'Ecole élimine continûment

---

(1) Cf. pages 20 et 21, tableau n° II.
(2) Cf. Appendice II, tableau 2. 11.
(3) Cf. Appendice II, tableaux 2. 51 à 2. 53.

Tableau II. STATISTIQUE DE L'ORIGINE SOCIA

PROFESSION DES PARENTS (profession du chef de famille ou, à défaut, mère ou tuteur) (*)	ÉCOLES				ÉCOLES		ÉCOLES	
	Polyt.	Centr.	Des mines (3)	Sup. aéro.	Sup. élec.	Chimie E.N.S.I. (14)	Nat. Arts et Mét.	I.N.S.A. Lyon.
0. AGRICULTEURS ..	1	2	5	5	4	5	5	6
Propriétaires exploitants	1	2	3	4	3	3	5	2
Fermiers, métayers, régisseurs	»	»	2	1	1	2	»	4
1. SALARIÉS AGRICOLES	»	»	»	»	»	»	1	1
2. PATRONS DE L'INDUSTRIE ET DU COMMERCE	13	12	13	31	19	19	19	18
Industriels	5	3	4	18	6	5	4	2
Artisans	2	2	3	4	3	4	9	7
Commerçants ..	6	7	6	9	10	10	6	9
3. PROFESSIONS LIBÉRALES ET CADRES SUPÉRIEURS	57	47	41	33	42	30	19	19
Professions libérales	16	7	9	13	11	7	3	4
Professeurs (secteur privé) ...	8	»		»	»	»	»	3
Professeurs (secteur public) ..		4	10	4	3	3	2	
Cadres supérieurs (secteur privé).	14	20	11	5	11	10	8	5
Cadres supérieurs (secteur public)	19	16	11	11	17	10	6	7
4. CADRES MOYENS .	15	18	18	19	17	19	19	16
Instituteurs (secteur privé) ...	2	5	»	»	»	»	»	»
Instituteurs (secteur public) ..	7		4	4	4	5	5	6
Cadres moyens (secteur public)	3	13	8	11	5	7	6	4
Cadres moyens (secteur privé).	3		6	4	8	7	8	6
5. EMPLOYÉS	8	9	12	8	8	11	10	16
Employés de bureau	5	9	11	7	6	7	7	13
Employés de commerce	3		1	1	2	4	3	3
6. OUVRIERS	2	2	5	2	7	7	17	14
Contremaîtres ..	2	1	1	1	2	2	5	2
Ouvriers		1	4	1	5	5	11	11
Manœuvres			»	»			1	1
7. PERSONNEL DE SERVICE	»	»	»	»	1	1	2	2
8. AUTRES CATÉGORIES	3	4	1	1	»	3	3	5
9. RENTIERS, SANS PROFESSION	1	6	5	1	2	5	5	3
TOTAUX	100	100	100	100	100	100	100	100

* Dans le cas de parents retraités ou décédés, on a indiqué la dernié profession exercée.

EC. NOR. SUP.		ÉCOLES			AGRICULTURE			Pourcentage de la population active 1954	Pour comparaison orig. soc. de 100 étudiants des univers. (Toutes disciplines.)
Ulm et Sèvres	St-Cloud, Fontenay	Inst. Et. Pol. (5)	H.E.C.	Ec. sup. com. (12)	Inst. nat. agro.	Ec. nat. agro. (3)	Ec. nat. vétér. (3)		
1	7	8		4	20	28	15	20.8	6
1	5	7		3	20 {	26	15 {		4
	2	1		1		2			2
»	1	»		»	»	»	»	6	»
9	14	19		32	37	15	19	12	18
2	»	8		12	18	3	2		5
2	7	3		3		2	2		4
5	7	8		17	19	10	15		9
51	18	44		34	29	22	30	2,9	29
7	»	15		8	9	4	14		10
7	»	1		»	8 {	3	»		1
26	9	2		1			4		5
4	3	15		17	12 {	8	3		7
7	6	11		8		7	9		6
26	24	13		14	»	18	10	5,9	18
1	»	3 {		»	4 {	»		1
13	14			2		5		5
5	6	7		6	6	4		5
7	4	3		6	8	1		7
5	10	8		5	7	4	11	10,9	8
3	7	5		3	7 {	3	9		5
2	3	3		2		1	2		3
3	15	2		5	»	5	2	33,8	6
1	3	1		2		1	»		2
2	12	1		3		4	2		3
»	»	»		»		»	»		1
»	2	1		»	»	1	»	3,6 {	1
1	4	2		1	»	2	8		8
4	5	3		5	7	5	5	4,5	6
100	100	100		100	100	100	100	100	100

ource : *La Documentation française* n° 45, 1964.

les enfants originaires des milieux les plus défavorisés, on trouverait une preuve de l'importance des obstacles culturels que doivent surmonter ces sujets dans le fait que l'on constate encore au niveau de l'enseignement supérieur des différences d'attitudes et d'aptitudes significativement liées à l'origine sociale, bien que les étudiants qu'elles séparent aient tous subi pendant quinze à vingt années l'action homogénéisante de l'Ecole et que les plus défavorisés d'entre eux n'aient dû qu'à une plus grande adaptabilité ou à un milieu familial plus favorable d'échapper à l'élimination (1).

De tous les facteurs de différenciation, l'origine sociale est sans doute celui dont l'influence s'exerce le plus fortement sur le milieu étudiant, plus fortement en tout cas que le sexe et l'âge et surtout plus que tel ou tel facteur clairement aperçu, l'affiliation religieuse par exemple.

Si la religion déclarée est l'occasion d'un des clivages les plus patents, si l'opposition entre « talas » et « non talas » ou « anti-talas » a une fonction classificatoire éminente, l'affiliation religieuse et même la pratique assidue ne déterminent pas de différences significatives, au moins en ce qui concerne les attitudes à l'égard de l'Ecole et de la culture scolaire. Sans doute la participation à des groupes ou à des mouvements confessionnels (surtout catholiques) procure-t-elle aux étudiants, et surtout aux étudiantes, l'occasion de contacts organisés et réguliers au sein de groupes secondaires relativement intégrés, « cercles », « foyers » ou « associations » qui prennent le relais du milieu familial ; sans doute les étudiants catholiques sont-ils plus nombreux à avoir fait leurs études secondaires dans des établissements privés (51 % contre 7 % pour les non-catholiques) ; sans doute les engagements idéologiques ou philosophiques sont-ils significativement liés à la confession et au taux de pratique : 43 % des catholiques qui se reconnaissent dans une école de pensée nomment le personnalisme et 9 % seulement le marxisme, 48 % se réclamant de l'existentialisme alors que 53 % des non-catholiques nomment le marxisme, 7 % seulement le personnalisme et 40 % l'existentialisme ; sans doute enfin, les étudiants catholiques semblent engager dans leurs études et dans la représentation qu'ils se font de leur carrière future une éthique de la bonne

_____

(1) Cf. *infra*, pages 42 et 43.

volonté et du service d'autrui qui trouve une expression particulièrement lyrique chez les jeunes filles. Mais, dans les conduites et les attitudes proprement scolaires, l'appartenance religieuse ne détermine jamais de différences statistiquement significatives.

Dans un milieu qui se renouvelle annuellement et dans un système qui accorde à la précocité une valeur éminente, l'âge et plus précisément l'ancienneté n'ont pas leur signification habituelle. Il est sans doute des conduites, des attitudes et des opinions où se marque l'influence générique du vieillissement : on peut comprendre dans cette logique que l'engagement politique et syndical s'accroisse avec l'âge ou que le logement indépendant tende à devenir plus fréquent ainsi que le travail en dehors des études. Mais nombre de phénomènes semblent liés, au contraire, à ce que l'on peut appeler *l'âge scolaire*, c'est-à-dire le rapport entre l'âge réel et l'âge modal des étudiants parvenus à un même niveau d'études. S'il est facile d'isoler les conduites et les attitudes sur lesquelles s'exerce l'influence du simple vieillissement qui accroît la maturité et l'inclination à l'indépendance, il est beaucoup plus difficile de saisir le sens et l'influence du *vieillissement scolaire*, parce que les vieux étudiants ne sont pas seulement des étudiants vieillis, mais une catégorie d'étudiants qui est représentée dans toutes les classes d'âge (et à des degrés différents dans toutes les classes sociales) et qui est prédisposée par certaines caractéristiques scolaires au vieillissement dans les études (1). Enfin, l'influence de l'âge ne s'exerce jamais de façon univoque dans les différents domaines de l'existence et surtout chez les sujets originaires de milieux sociaux différents et engagés dans des études différentes, l'ancienneté pouvant être, comme on l'a vu, un aspect du handicap social ou, à l'inverse, le privilège de « l'éternel étudiant ».

Définissant des chances, des conditions de vie ou de travail tout à fait différentes, l'origine sociale est, de tous les déterminants, le seul qui étende son influence à tous les domaines et à tous les niveaux de l'expérience des étudiants, et en premier lieu aux conditions d'existence. L'habitat et le type de vie quotidienne qui lui est associé, le montant des ressources et leur répartition entre les différents postes budgétaires, l'intensité et la modalité du sentiment de dépendance, variable selon l'origine des ressources comme la nature de l'expérience et les va-

---

(1) Cf. Appendice II, tableaux 2. 21 à 2. 28.

leurs associées à leur acquisition, dépendent directement et fortement de l'origine sociale en même temps qu'ils en relaient l'efficacité.

> Comment parler, même par manière de simplification, de « condition étudiante » pour désigner un milieu où l'aide de la famille fait vivre 14 % des étudiants fils de ruraux, d'ouvriers, d'employés et de cadres subalternes et plus de 57 % des fils de cadres supérieurs ou professions libérales, tandis que 36 % des premiers sont contraints à un travail en dehors de leurs études et seulement 11 % des seconds ? La nature ou le montant des ressources et, par là, le degré de dépendance à l'égard de la famille séparent radicalement les étudiants selon leur origine : outre qu'ils s'étalent de moins de 200 F mensuels à 900 F, les revenus n'ont nullement le même sens suivant l'importance des facilités annexes (selon par exemple que l'habillement est pris en charge par la famille ou non) et suivant l'origine de l'argent. Enfin, les étudiants qui vivent dans leur famille ne sont que partiellement étudiants. Ils ont beau multiplier les occasions de participer à la condition étudiante, c'est à une image fascinante plus qu'à une condition réelle, avec ses nécessités subies, qu'ils s'identifient par un tel choix, toujours révocable. Or, oscillant (suivant la discipline) de 10 à 20 % pour les fils de paysans et d'ouvriers, le taux d'étudiants qui logent dans leur famille s'élève à 50 % et parfois 60 % (1) dans le cas des étudiants (et surtout des étudiantes) issus des hautes classes.

Ces différences sont trop patentes pour être révoquées en doute. Aussi est-ce généralement dans l'activité universitaire des étudiants que l'on cherche le principe de définition qui permette de sauvegarder l'idée que la condition étudiante est une, unifiée ou unifiante. Si différents soient-ils sous d'autres rapports, les étudiants considérés dans leur rôle propre ont en effet en commun de faire des études, c'est-à-dire, en l'absence même de toute assiduité ou de tout exercice, de subir et d'éprouver la subordination de leur avenir professionnel à une institution qui, avec le diplôme, monopolise un moyen essentiel de la réussite sociale. Mais les étudiants peuvent avoir en commun des pratiques, sans que l'on puisse en con-

---

(1) Cf. Appendice II, tableaux 2. 1 à 2. 5.

clure qu'ils en ont une expérience identique et surtout collective.

Utilisateurs de l'enseignement, les étudiants en sont aussi le produit et il n'est pas de catégorie sociale dont les conduites et les aptitudes présentes portent davantage la marque des acquisitions passées. Or, comme nombre de recherches l'ont établi, c'est tout au long de la scolarité, et particulièrement lors des grands tournants de la carrière scolaire, que s'exerce l'influence de l'origine sociale : la conscience que les études (et surtout certaines) coûtent cher et qu'il est des professions où l'on ne peut s'engager sans un patrimoine, les inégalités de l'information sur les études et leurs débouchés, les modèles culturels qui associent certaines professions et certains choix scolaires (le latin, par exemple) à un milieu social, enfin la prédisposition, socialement conditionnée, à s'adapter aux modèles, aux règles et aux valeurs qui régissent l'Ecole, tout cet ensemble de facteurs qui font que l'on se sent « à sa place » ou « déplacé » à l'Ecole et que l'on y est perçu comme tel, déterminent, toutes aptitudes égales d'ailleurs, un taux de réussite scolaire inégal selon les classes sociales, et particulièrement dans les disciplines qui supposent tout un acquis, qu'il s'agisse d'instruments intellectuels, d'habitudes culturelles ou de revenus. On sait par exemple que la réussite scolaire dépend etroitement de l'aptitude (réelle ou apparente) à manier la langue d'idées propre à l'enseignement et que la réussite en ce domaine va à ceux qui ont fait des études classiques (1). On voit donc comment les succès ou les échecs

(1) Les études de B. BERNSTEIN ont montré la place que tient, parmi les obstacles culturels, la structure de la langue parlée dans les familles ouvrières (cf. « Social Structure, Language and Learning », *Educational Research*, 3 juin 1961, pp. 163-176). Un test de vocabulaire visant à saisir les facteurs qui conditionnent, chez les étudiants en philosophie et en sociologie, la réussite dans les divers types de maniement de la langue, depuis l'aptitude à la définition jusqu'à la recherche des synonymes en passant par la conscience explicite des polysémies, fait voir que la formation la plus classique (latin et grec) constitue la variable de base la plus fortement liée à la maîtrise du langage ; cette liaison est d'autant plus forte que l'exercice auquel on mesure la réussite est plus scolaire, atteignant son maximum avec l'exercice de définition (cf. *Rapport pédagogique et communication*, Cahiers du Centre de sociologie européenne. N° 2, Mouton, Paris

présents que les étudiants et les professeurs (enclins à penser à l'échelle de l'année scolaire) ont tendance à imputer au passé immédiat, quand ce n'est pas au don et à la personne, dépendent en réalité d'orientations précoces qui sont, par définition, le fait du milieu familial. Ainsi, l'action directe des habitudes culturelles et des dispositions héritées du milieu d'origine est redoublée par l'effet multiplicateur des orientations initiales (elles-mêmes produites par les déterminismes primaires) qui déclenchent l'action de déterminismes induits d'autant plus efficaces qu'ils s'expriment dans la logique proprement scolaire, sous la forme de sanctions qui consacrent les inégalités sociales sous l'apparence de les ignorer.

Dans une population d'étudiants, on ne saisit plus que la résultante finale d'un ensemble d'influences qui tiennent à l'origine sociale et dont l'action s'exerce depuis longtemps. Pour les étudiants originaires des basses classes qui ont survécu à l'élimination, les désavantages initiaux ont évolué, le passé social se transformant en passif scolaire par le jeu de mécanismes de relais tels que les orientations précoces et souvent mal informées, les choix forcés ou les piétinements. Par exemple, dans un groupe d'étudiants de la faculté des lettres, la proportion des étudiants qui ont fait du latin dans le secondaire varie de 41 % pour les fils d'ouvriers et d'agriculteurs à 83 % pour les fils de cadres supérieurs et de membres des professions libérales, ce qui suffit a montrer *à fortiori* (s'agis-

---

1965 ; 1ère partie). Ainsi, le désavantage attaché à l'origine sociale se trouve principalement relayé par les orientations scolaires, la réussite au plus haut niveau des études restant étroitement liée au passé scolaire le plus lointain. L'examen détaillé des résultats du test montre d'ailleurs que la réussite des étudiants originaires des diverses classes sociales ne peut être comprise que si l'on prend en compte la logique selon laquelle s'opère la conversion continue de l'héritage social en héritage scolaire dans des situations de classe différentes. C'est ainsi, par exemple, que les résultats des fils des cadres supérieurs tendent à se répartir de façon bimodale, révélant par là que cette catégorie statistique dissimule en fait deux groupes différenciés par leurs orientations culturelles et, sans doute, par des caractéristiques sociales secondaires, ou encore que les étudiants originaires des classes populaires l'emportent sur tous les autres groupes dans la catégorie des latinistes, la rareté d'une telle formation scolaire impliquant chez ces étudiants une sur-sélection relative (Cf. Appendice II, tableau 2.44).

sant de littéraires) la relation qui existe entre l'origine sociale et les études classiques, avec tous les avantages scolaires qu'elles procurent. On peut reconnaître un autre indice de l'influence du milieu familial dans le fait que la part des étudiants qui disent avoir suivi le conseil de leur famille pour le choix d'une section à la première ou à la seconde partie du baccalauréat croît en même temps que s'élève l'origine sociale, cependant que le rôle du professeur décroît parallèlement.

On observe des différences analogues dans les attitudes à l'égard de l'enseignement (1). Soit qu'ils adhèrent plus fortement à l'idéologie du don, soit qu'ils croient plus fortement à leur propre don (les deux allant de pair), les étudiants d'origine bourgeoise, tout en reconnaissant aussi unanimement que les autres l'existence de techniques du travail intellectuel, témoignent un plus grand dédain à l'égard de celles qui sont communément tenues pour incompatibles avec l'image romantique de l'aventure intellectuelle, comme la possession d'un fichier ou d'un emploi du temps. Il n'est pas jusqu'à des modalités subtiles de la vocation ou de la conduite des études qui ne révèlent le caractère plus gratuit des engagements intellectuels chez les étudiants des hautes classes. Tandis que, plus assurés de leur vocation ou de leurs aptitudes, ceux-ci expriment leur éclectisme réel ou prétendu et leur dilettantisme plus ou moins fructueux par la plus grande diversité de leurs intérêts culturels, les autres témoignent d'une plus grande dépendance à l'égard de l'Université. Lorsqu'on demande à des étudiants en sociologie s'ils préféreraient se consacrer à l'étude de leur propre société, des pays du Tiers-Monde ou à l'ethnologie, on aperçoit que le choix des thèmes et des terrains « exotiques » devient plus fréquent à mesure que l'origine sociale s'élève. De même, si les étudiants les plus favorisés se portent plus volontiers vers les idées à la mode (voyant par exemple

---

(1) Cf. page 28, tableau nº III. Cf. aussi Appendice II, tableaux 2. 6 à 2. 13.

Tableau III. L'ORIGINE SOCIALE ET LA VIE ÉTUDIANTE

	CONDITIONS D'EXISTENCE			PASSÉ SCOLAIRE	ATTITUDES DEVANT L'ÉCOLE ET LA CULTURE				
	LOGEMENT CHEZ LES PARENTS	RESSOURCES : AIDE FAMILIALE	NE TRAVAILLENT PAS EN DEHORS DES ÉTUDES	LATIN AU 1er BAC	ASSISTENT A PLUSIEURS ENSEIGNEMENTS	NE POSSÈDENT PAS DE FICHIER	INTÉRÊT POUR ETHNOLOGIE ET PAYS Ss DEVELOP.	PRÉFÉRENCE POUR PROFESSIONS NON UNIVERSITAIRES	HOSTILES A LA PARTICIPATION SYNDICALE
RURAUX OUVRIERS EMPLOYÉS CADRES SUBALTERNES									
ARTISANS									
COMMERÇANTS									
CADRES MOYENS									
CADRES SUPÉRIEURS PROFESSIONS LIBÉRALES									
AMPLITUDE DE LA VARIATION	DE 29% A 50%	DE 14% A 58%	DE 64% A 89%	DE 41% A 83%	DE 44% A 68%	DE 56% A 76%	DE 56% A 73,5%	DE 30% A 52%	DE 11% A 34%

dans l'étude des « mythologies » l'objet par excellence de la sociologie), n'est-ce pas que l'expérience protégée qu'ils ont connue jusque-là les prédispose à des aspirations obéissant au principe de plaisir plus qu'au principe de réalité et que l'exotisme intellectuel et la bonne volonté formelle représentent le moyen symbolique, c'est-à-dire ostentatoire et sans conséquences, de liquider une expérience bourgeoise en l'exprimant ? Pour que de tels mécanismes intellectuels puissent se former, ne faut-il pas qu'aient été données — et pendant fort longtemps — les conditions économiques et sociales de la liberté et de la gratuité des choix ?

Si le dilettantisme dans la conduite des études est plus particulièrement le fait des étudiants d'origine bourgeoise, c'est que, plus assurés de garder une place, même fictive, au moins dans une discipline de refuge, ils peuvent, sans risque réel, manifester un détachement qui suppose précisément une plus grande sécurité : ils lisent moins d'ouvrages directement liés à leur programme et des ouvrages moins scolaires ; ils sont toujours les plus nombreux à mener des études multiples et relevant de disciplines éloignées ou de facultés différentes ; ils sont toujours les plus enclins à se juger avec indulgence, et cette plus grande complaisance, que la statistique des résultats scolaires dénonce, leur assure en nombre de situations, l'oral par exemple, un avantage considérable (1). Il faut en effet se garder de voir dans la moins grande dépendance des étu-

---

(1) Invités à exprimer leur opinion sur leur propre valeur scolaire en se classant sur une échelle, les étudiants d'origine bourgeoise répugnent plus que les étudiants originaires des basses classes aux catégories moyennes (75 % contre 88 %) et se situent plus volontiers dans les catégories des « bons » et des « très bons » (18 % contre 10 %) tandis que les étudiants des classes moyennes ont dans tous les cas des attitudes intermédiaires. Or, dans ce même groupe, les étudiants des basses classes ont des résultats scolaires régulièrement meilleurs que les étudiants des hautes classes : 58 % d'entre eux ont eu au moins une mention aux examens antérieurs contre 39 % des étudiants des hautes classes et l'écart est encore plus manifeste dans le groupe des étudiants qui ont eu au moins deux mentions puisque les étudiants des basses classes y sont proportionnellement deux fois plus nombreux, soit 33,5 % contre 18 %.

diants bourgeois à l'égard des disciplines scolaires un désavantage qui viendrait compenser d'autres privilèges : l'éclectisme averti permet de tirer le meilleur parti des possibilités offertes par l'enseignement. Rien ne fait obstacle à ce qu'une partie (un tiers environ) des étudiants privilegiés transforme en privilège scolaire ce qui peut constituer un désavantage pour les autres, puisque, on le verra, l'Ecole accorde paradoxalement le plus grand prix à l'art de prendre ses distances par rapport aux valeurs et aux disciplines scolaires.

Les étudiants les plus favorisés ne doivent pas seulement à leur milieu d'origine des habitudes, des entraînements et des attitudes qui les servent directement dans leurs tâches scolaires ; ils en héritent aussi des savoirs et un savoir-faire, des goûts et un « bon goût » dont la rentabilité scolaire, pour être indirecte, n'en est pas moins certaine. La culture « libre », condition implicite de la réussite universitaire en certaines disciplines, est très inégalement répartie entre les étudiants originaires de milieux différents, sans que l'inégalité des revenus puisse expliquer les écarts constatés. Le privilège culturel est manifeste lorsqu'il s'agit de la familiarité avec les œuvres que seule peut donner la fréquentation régulière du théâtre, du musée ou du concert (fréquentation qui n'est pas organisée par l'Ecole, ou seulement de façon sporadique). Il est plus manifeste encore dans le cas des œuvres, généralement les plus modernes, qui sont les moins « scolaires » (1).

En quelque domaine culturel qu'on les mesure, théâtre, musique, peinture, jazz ou cinéma, les étudiants ont des connaissances d'autant plus riches et plus étendues que leur origine sociale est plus élevée. Si la forte variation de

_____

(1) Cf. ci-contre, tableau n° IV. Cf. aussi Appendice II, tableaux 2. 14 à 2. 20.

Tableau IV. L'ORIGINE SOCIALE ET LA VIE ARTISTIQUE DES ÉTUDIANTS.

	LE CONTACT DIRECT AVEC LES ŒUVRES			LA CONNAISSANCE DES ŒUVRES MODERNES			ENGAGEMENTS CULTURELS		ÉRUDITION ET PRATIQUE : LE CINÉMA	
	THÉÂTRE CONNAISSANCE PAR LA SCÈNE	MUSIQUE CONNAISSANCE PAR LE CONCERT	PEINTURE CONNAISSANCE PAR MUSÉE, EXPO, COLLECTIONS	THÉÂTRE D'AVANT GARDE	MUSIQUE MODERNE	PEINTURE MODERNE	Pratique D'UN INSTRUMENT DE MUSIQUE	Possession DE LIVRES SUR L'ART	CINÉMA CONNAISSANCE DES METTEURS EN SCÈNE	CINÉ-CLUB FRÉQUENTATION RÉGULIÈRE
BASSES CLASSES										
CLASSES MOYENNES										
HAUTES CLASSES										
AMPLITUDE DE LA VARIATION	DE 26% A 61%	DE 20% A 34%	DE 21% A 39%	DE 30% A 72%	DE 41% A 68%	DE 15% A 30%	DE 15% A 39%	DE 54% A 80%	DE 52% A 64%	DE 25% A 13%

la pratique d'un instrument de musique, de la connaissance des pièces par le spectacle ou de la musique classique par le concert n'a rien qui puisse étonner puisque les habitudes culturelles de classe et les facteurs économiques cumulent ici leurs effets, il est remarquable que les étudiants se distinguent encore nettement, selon leur origine sociale, en ce qui concerne la fréquentation des musées et même la connaissance de l'histoire du jazz ou du cinéma, souvent présentés comme des « arts de masse ». Si l'on sait que dans le cas de la peinture, qui ne fait pas directement l'objet d'un enseignement, des différences apparaissent jusque dans la connaissance des auteurs les plus classiques et va en s'accentuant pour les peintres modernes, si l'on sait aussi que l'érudition en matière de cinéma ou de jazz (toujours beaucoup plus rare que pour les arts consacrés) est elle aussi très inégalement répartie selon l'origine sociale, on doit conclure que les inégalités devant la culture ne sont nulle part aussi marquées que dans le domaine où, en l'absence d'un enseignement organisé, les comportements culturels obéissent aux déterminismes sociaux plus qu'à la logique des goûts et des engouements individuels (1).

Les étudiants des différents milieux ne se distinguent pas moins par l'orientation de leurs intérêts artistiques. Sans doute, les facteurs sociaux de différenciation peuvent parfois annuler leurs effets les plus apparents et le sérieux petit-bourgeois peut compenser l'avantage que donne aux étudiants des hautes classes la familiarité avec la culture savante. Mais les valeurs différentes qui orientent des comportements semblables peuvent se révéler indirectement à travers des différences plus subtiles. On le

___

(1) Une origine sociale élevée ne favorise pas automatiquement et également tous ceux qui en bénéficient. Dans le cas de la fréquentation du théâtre ou des concerts, la répartition des fils de cadres supérieurs est bimodale : une partie de la population (un tiers environ) se distingue nettement par ses performances du reste de la catégorie en même temps que du reste de la population étudiante. Cf. Appendice II, tableaux 2. 14 et 2. 19.

voit particulièrement bien à propos du théâtre qui, à la différence de la peinture ou de la musique, participe à la fois de la culture enseignée à l'Ecole et de la culture libre et librement acquise. Des fils de paysans ou de cadres moyens, d'ouvriers ou de cadres supérieurs peuvent manifester une connaissance équivalente du théâtre classique sans avoir la même culture, même en ce domaine, parce qu'ils n'ont pas le même passé culturel. Les mêmes savoirs n'expriment pas nécessairement les mêmes attitudes et n'engagent pas les mêmes valeurs : alors qu'ils attestent chez les uns le pouvoir exclusif de la règle et de l'apprentissage scolaires (puisqu'ils ont été acquis en grande partie par la lecture libre ou scolairement obligée plus que par le spectacle), ils expriment chez les autres, au moins autant que l'obéissance aux impératifs scolaires, la possession d'une culture qu'ils doivent d'abord à leur milieu familial. Ainsi, lorsque par un test ou par un examen on dresse un constat des goûts et des connaissances à un moment donné du temps, on coupe en un point déterminé autant de trajectoires diverses.

De plus, une bonne connaissance du théâtre classique n'a pas la même signification chez des fils de cadres supérieurs parisiens, qui l'associent à une bonne connaissance du théâtre d'avant-garde et même du théâtre de boulevard, et chez les fils d'ouvriers de Lille ou de Clermont-Ferrand qui, connaissant aussi bien le théâtre classique, ignorent tout du théâtre d'avant-garde ou du théâtre de boulevard. On voit à l'évidence qu'une culture purement scolaire n'est pas seulement une culture partielle ou une partie de la culture, mais une culture inférieure parce que les éléments mêmes qui la composent n'ont pas le sens qu'ils auraient dans un ensemble plus large. L'Ecole n'exalte-t-elle pas dans la « culture générale » tout l'opposé de ce qu'elle dénonce comme pratique scolaire de la culture chez ceux que leur origine sociale condamne à n'avoir d'autre culture que celle qu'ils doivent à l'Ecole ? Chaque connaissance doit donc être perçue à la fois comme un élément d'une constellation et comme un moment de l'itinéraire culturel dans sa totalité, chaque point de la courbe enfermant toute la courbe. Enfin, c'est la manière personnelle d'accomplir les actes culturels qui leur confère la qualité proprement culturelle : ainsi la désinvolture ironique, l'élégance précieuse ou l'assurance statutaire qui permet l'aisance ou l'affectation de l'aisance sont presque toujours le fait d'étudiants issus des hautes classes où ces manières jouent le rôle d'un signe d'appartenance à l'élite.

L'action du privilège n'est aperçue, la plupart du temps, que sous ses formes les plus brutales, recommandations ou relations, aide dans le travail scolaire ou enseignement supplémentaire, information sur l'enseignement et les débouchés. En fait, l'essentiel de l'héritage culturel se transmet de façon plus discrète et plus indirecte et même en l'absence de tout effort méthodique et de toute action manifeste. C'est peut-être dans les milieux les plus « cultivés » qu'il est le moins besoin de prêcher la dévotion à la culture ou de prendre en main, délibérément, l'initiation à la pratique culturelle. Par opposition au milieu petit-bourgeois où les parents ne peuvent transmettre autre chose, la plupart du temps, que la bonne volonté culturelle, les classes cultivées ménagent des incitations diffuses beaucoup mieux faites pour susciter, par une sorte de persuasion clandestine, l'adhésion à la culture.

> C'est ainsi que des lycéens de la bourgeoisie parisienne peuvent manifester une vaste culture, acquise sans intention ni effort et comme par osmose, au moment même où ils se défendent de subir la moindre pression de la part de leurs parents :
> « Allez-vous dans les musées ? » — « Pas tellement souvent. On n'allait pas tellement dans les musées de peinture avec le lycée, plutôt dans les musées d'histoire. Mes parents m'emmènent plutôt au théâtre. On ne va pas tellement au musée. » — « Quels sont vos peintres préférés ? » — « Van Gogh, Braque, Picasso, Monet, Gauguin, Cézanne. Je ne les ai pas vus en original. Je les

connais par des livres, chez moi, que je regarde. Je fais un peu de piano. C'est tout. J'aime surtout écouter la musique, pas tellement en faire. On a beaucoup de Bach, Mozart, Schubert, Schumann. » — « Vos parents vous conseillent-ils des lectures ? » — « Je lis ce que je veux. On a beaucoup de livres. Je prends ce dont j'ai envie ». (Fille de professeur, 13 ans, 4ᵉ classique, lycée de Sèvres.)

Mais si les différences qui séparent les étudiants dans le domaine de la culture libre renvoient toujours à des privilèges ou à des désavantages sociaux, elles ne sont pas toujours de même sens lorsqu'on les réfère aux attentes professorales : en effet, les étudiants les plus défavorisés peuvent, faute d'autre recours, trouver dans des conduites plus scolaires, comme la lecture des œuvres de théâtre, un moyen de compenser leur désavantage. De même, si l'érudition cinématographique est répartie conformément à la logique du privilège qui donne aux étudiants issus de milieux aisés le goût et le loisir de transférer dans des domaines extra-scolaires les habitudes cultivées, la fréquentation des ciné-clubs, pratique à la fois économique, compensatoire et quasi-scolaire, semble être surtout le fait des étudiants des classes moyennes. Pour les individus originaires des couches les plus défavorisées, l'Ecole reste la seule et unique voie d'accès à la culture, et cela à tous les niveaux de l'enseignement ; partant, elle serait la voie royale de la démocratisation de la culture, si elle ne consacrait, en les ignorant, les inégalités initiales devant la culture et si elle n'allait souvent — en reprochant par exemple à un travail scolaire d'être trop « scolaire » — jusqu'à dévaloriser la culture qu'elle transmet au profit de la culture héritée qui ne porte pas la marque roturière de l'effort et a, de ce fait, toutes les apparences de la facilité et de la grâce.

Différant par tout un ensemble de prédispositions et de présavoirs qu'ils doivent à leur milieu, les étudiants ne sont que *formellement* égaux dans l'acquisition de la culture savante. En effet, ils sont séparés, non par des divergences qui distingueraient chaque fois des catégories statistiques différant sous un rapport différent et pour des raisons différentes, mais par des systèmes de traits culturels qu'ils partagent en partie, même s'ils ne se l'avouent pas, avec leur classe d'origine. Dans le contenu et la modalité du projet professionnel comme dans le type de conduite universitaire qui est mis au service de cette vocation ou dans les orientations les plus libres de la pratique artistique, bref, dans tout ce qui définit la relation qu'un groupe d'étudiants entretient avec ses études, s'exprime le rapport fondamental que sa classe sociale entretient avec la société globale, la réussite sociale et la culture (1).

Tout enseignement, et plus particulièrement l'enseignement de culture (même scientifique), présuppose implicitement un corps de savoirs, de savoir-faire et surtout de savoir-dire qui constitue le patrimoine des classes cultivées. Education *ad usum delphini,* l'enseignement secondaire classique véhicule des significations au second degré, se donnant pour acquis tout un trésor d'expériences au premier degré, lectures suscitées autant qu'autorisées par la bibliothèque paternelle, spectacles de choix que l'on n'a pas à choisir, voyages en forme de pèlerinage culturel, conversations allusives qui n'éclairent que les gens déjà éclairés. N'en résulte-t-il pas une inégalité fondamentale devant ce jeu de privilégiés où tous doivent entrer puisqu'il se présente à eux paré des valeurs de l'universalité ? Si les enfants des classes défavorisées perçoivent souvent l'initiation scolaire comme apprentissage de l'artifice et du discours-à-l'usage-des-professeurs, n'est-ce pas précisément parce que la réflexion savante doit précéder pour eux l'expérience directe ? Il leur faut apprendre en détail le plan du Parthénon sans être jamais sortis de leur province et disserter tout au long de

---

(1) L'enquête empirique ne saisit jamais ces totalités significatives que par profils successifs puisqu'elle doit recourir à des indicateurs qui émiettent l'objet de l'analyse.

leurs études, avec la même insincérité obligée, sur les je-ne-sais-quoi et les litotes de la passion classique ou sur les nuances infinies et infinitésimales du bon goût. Répéter que le contenu de l'enseignement traditionnel ôte la réalité à tout ce qu'il transmet, c'est taire que le sentiment de l'irréalité est très inégalement ressenti par les étudiants des différents milieux.

Croire que l'on donne à tous des chances égales d'accéder à l'enseignement le plus élevé et à la culture la plus haute lorsqu'on assure les mêmes moyens économiques à tous ceux qui ont les « dons » indispensables, c'est rester à mi-chemin dans l'analyse des obstacles et ignorer que les aptitudes mesurées au critère scolaire tiennent, plus qu'à des « dons » naturels (qui restent hypothétiques tant qu'on peut imputer à d'autres causes les inégalités scolaires), à la plus ou moins grande affinité entre les habitudes culturelles d'une classe et les exigences du système d'enseignement ou les critères qui y définissent la réussite. Lorsqu'ils s'orientent vers les enseignements dits de culture qui contribuent pour une part toujours très importante à déterminer les chances de faire des études « nobles » (l'E. N. A. ou Polytechnique tout autant que l'agrégation de lettres), les élèves doivent assimiler tout un ensemble de connaissances et de techniques qui ne sont jamais complètement dissociables de valeurs sociales, souvent opposées à celles de leur classe d'origine. Pour les fils de paysans, d'ouvriers, d'employés ou de petits commerçants, l'acquisition de la culture scolaire est acculturation.

Si les intéressés eux-mêmes vivent rarement leur apprentissage comme renoncement et reniement, c'est que les savoirs qu'ils doivent conquérir sont hautement valorisés par la société globale et que cette conquête symbolise l'accession à l'élite. Aussi faut-il distinguer entre la facilité à assimiler la culture transmise par l'Ecole (d'autant plus grande que l'origine sociale est plus élevée) et la propension à l'acquérir qui atteint son maximum d'intensité dans les classes moyennes. Bien que le désir de l'ascension par l'Ecole ne soit pas moins fort dans les classes inférieures que dans les classes moyennes, il reste onirique et abstrait tant que les chances objectives de le satisfaire sont infimes. Les ouvriers peuvent tout ignorer de la statistique qui établit qu'un fils d'ouvrier a deux chances sur cent d'accéder à l'enseignement supérieur, leur comportement semble se régler objectivement sur une estimation empirique de ces espérances objectives, communes à tous les individus de leur catégorie. Aussi est-ce la petite bourgeoisie, classe de transition, qui adhère le plus fortement aux valeurs scolaires, puisque l'Ecole promet de combler toutes ses attentes en confondant les valeurs de la réussite sociale et celles du prestige culturel. Les membres des classes moyennes se distinguent (et entendent se distinguer) des classes inférieures en accordant à la culture de l'élite, dont ils ont souvent une connaissance tout aussi lointaine, une reconnaissance décisoire qui témoigne de leur bonne volonté culturelle, intention vide d'accéder à la culture. C'est donc sous le double rapport de la facilité à assimiler la culture et de la propension à l'acquérir que les étudiants originaires des classes paysannes et ouvrières sont désavantagés : jusqu'à une époque récente, ils ne trouvaient même pas, dans leur milieu familial, l'incitation à l'effort scolaire qui permet aux couches moyennes de compenser la dépossession par l'aspiration à la possession et il fallait une série continue de succès (ainsi que les conseils réitérés de l'instituteur) pour qu'un enfant fût orienté vers le lycée, et ainsi pour la suite.

S'il faut rappeler pareilles évidences, c'est que le succès de quelques-uns fait trop souvent oublier qu'ils n'ont dû qu'à des aptitudes particulières et à certaines particularités de leur milieu familial de pouvoir surmonter leurs désavantages culturels. L'accès à l'enseignement supérieur ayant supposé pour certains une suite ininterrompue de miracles et d'efforts, l'égalité relative entre des sujets sélectionnés avec une rigueur très inégale peut dissimuler les inégalités qui la fondent.

Le succès scolaire irait-il aussi largement aux étudiants originaires des classes moyennes qu'aux étudiants originaires des classes cultivées, les uns et les autres resteraient séparés par des différences subtiles dans la façon d'aborder la culture. Il n'est pas exclu que le professeur qui oppose l'élève « brillant » ou « doué » à l'élève « sérieux » ne juge, en nombre de cas, rien autre chose que le rapport à la culture auquel l'un et l'autre sont socialement promis par leur naissance. Enclin à s'engager totalement dans l'apprentissage scolaire et à mobiliser dans son travail les vertus professionnelles que valorise son milieu (par exemple le culte du travail accompli rigoureusement et difficilement), l'étudiant des classes moyennes sera jugé sur les critères de l'élite cultivée que de nombreux enseignants reprennent volontiers à leur compte, même et surtout si leur appartenance à « l'élite » date de leur accession au « magistère ». L'image aristocratique de la culture et du travail intellectuel présente de telles analogies avec la représentation la plus commune de la culture accomplie qu'elle s'impose même aux esprits les moins suspects de complaisance envers les théories de l'élite, leur interdisant d'aller au-delà de la revendication de l'égalité formelle.

Le renversement de la table des valeurs qui, par un changement de signe, transforme le sérieux en esprit de sérieux et la valorisation du travail en mesquinerie besogneuse et laborieuse, suspecte de compenser l'absence de dons, s'opère dès que l'ethos petit-bourgeois est jugé du point de vue de l'ethos de l'« élite », c'est-à-dire mesuré au dilettantisme de l'homme cultivé et bien né qui sait sans avoir peiné pour acquérir son savoir et qui, assuré de son présent et de son avenir, peut se donner l'élégance du détachement et prendre les risques de la virtuosité. Or, la culture de l'élite est si proche de la culture de l'Ecole que l'enfant originaire d'un milieu petit-bourgeois (et *a fortiori* paysan ou ouvrier) ne peut acquérir que laborieusement ce qui est donné au fils de la classe cultivée, le style, le goût, l'esprit, bref, ces savoir-faire et ce savoir-vivre qui sont naturels à une classe, parce qu'ils sont la culture de cette classe (1). Pour les uns, l'apprentissage de la culture de l'élite est une conquête, chèrement payée ; pour les autres, un héritage qui enferme à la fois la facilité et les tentations de la facilité.

Si les avantages ou les désavantages sociaux pèsent aussi fortement sur les carrières scolaires et, plus généralement, sur toute la vie culturelle, c'est que, perçus ou inaperçus, ils sont toujours cumulatifs. Par exemple, la position du père dans la hiérarchie sociale est très fortement liée à une position semblable des autres membres de la famille, ou encore, elle n'est pas indépendante des chances de faire ses études secondaires dans une grande ou dans une petite ville dont on sait qu'elles sont significativement liées à des degrés inégaux de connaissance et de pratique artistique. Ce n'est là qu'une des manifestations les plus lointaines de l'influence du facteur géographique qui détermine d'abord des inégalités tranchées dans les chances d'accéder à l'enseignement secondaire et à l'enseignement supérieur : le taux de scolarisation varie de moins de 20 % à plus de 60 % selon les départements pour la classe d'âge de onze à dix-sept ans et de moins de 2 % à 10 % pour la classe d'âge de dix-neuf à vingt-quatre ans, ces différences étant fonction à la fois de la part de la population active employée dans l'agriculture et de la dispersion de l'habitat. En fait, le facteur géographique et le facteur social d'inégalité culturelle ne sont jamais indépendants puisque, on l'a vu, les chances de résider dans une grande ville, où les possibilités d'accéder

---

(1) On peut saisir les contradictions qu'implique la conquête laborieuse du « don » dans les drames psychologiques et intellectuels auxquels ce miracle condamne ceux qui en sont victimes : Péguy n'est-il pas celui qui n'a jamais pu surmonter la conscience malheureuse de son élection qu'en la transfigurant dans son œuvre, solution mythique de son drame social ?

à l'enseignement et à la culture sont plus grandes, croissent à mesure que l'on s'élève dans la hiérarchie sociale : c'est ainsi que l'on voit s'opposer, dans le domaine des connaissances artistiques, les deux groupes extrêmes que constituent d'une part les fils et petits-fils de cadres supérieurs ayant passé leur enfance et leur adolescence à Paris et d'autre part les fils et petits-fils de ruraux ayant passé leur enfance et leur adolescence dans des villes de moins de cinquante mille habitants.

Ainsi, ignorée ou refusée, l'influence des facteurs sociaux de différenciation s'exerce en milieu étudiant, mais sans emprunter les voies d'un déterminisme mécanique. Il faut par exemple se garder de croire que le patrimoine culturel favorise automatiquement et pareillement tous ceux qui le reçoivent. En effet, on a aperçu au moins deux façons de se situer par rapport au privilège et deux types d'actions du privilège. La menace de la dilapidation est enfermée dans le fait même d'hériter, surtout lorsqu'il s'agit de culture, c'est-à-dire d'un acquis où la manière d'acquérir est constitutive de ce qui est acquis. Lorsqu'il est investi dans le loisir superficiel des jeux de bonne société, cet héritage ne produit pas au même degré et aux différents niveaux des études le profit scolaire qu'assure aux sujets originaires des basses classes l'inclination forcée à se porter vers les placements les plus sûrs. Au contraire, utilisé rationnellement, l'héritage culturel favorise la réussite scolaire, sans enchaîner aux intérêts, plus ou moins étroits, que définit l'Ecole ; l'appartenance à un milieu cultivé et informé des véritables hiérarchies intellectuelles ou scientifiques permet de relativiser les influences de l'enseignement qui pèsent sur d'autres avec trop d'autorité ou de prestige. Il serait facile de montrer de la même façon que si les sujets des classes défavorisées ont les plus fortes chances de se laisser écraser par la force du destin social, ils peuvent aussi, par exception, trouver dans l'excès de leur désavantage la provocation à le surmonter : l'énergie sorélienne et l'ambition rastignacienne s'exprimeraient-elles aussi fortement et aussi généralement chez les fils d'ouvriers ou de petits bourgeois qui sont parvenus jusqu'à l'enseignement supérieur si ces étudiants ne leur devaient d'avoir échappé au sort commun ?

Il faudrait étudier plus précisément les causes ou les raisons qui déterminent ces destins d'exception mais tout permet de penser qu'on les trouverait dans des singularités du milieu familial. Etant donné que, comme on l'a vu, les chances objectives d'accéder à l'enseignement supérieur sont *quarante fois* plus fortes pour un fils de cadre supérieur que pour un fils d'ouvrier, on pourrait s'attendre à trouver par l'enquête le même rapport, approximativement, entre les nombres moyens d'individus faisant des études supérieures dans des familles ouvrières et dans des familles de cadres supérieurs. Or, on constate, dans un groupe d'étudiants en médecine, que la moyenne des membres de la famille étendue qui ont fait ou font des études supérieures ne varie que *du simple au quadruple* entre les étudiants originaires des basses classes et les fils de cadres supérieurs (1). Ainsi les étudiants originaires des couches défavorisées qui accèdent à l'enseignement supérieur diffèrent profondément, au moins sous ce rapport, des autres individus de leur catégorie. La présence dans le cercle familial d'un parent qui a fait ou fait des études supérieures témoigne que ces familles présentent une situation culturelle originale, ne serait-ce que dans la mesure où elles proposent une espérance subjective plus forte d'accéder à l'Université. Sous réserve de vérifications, on peut supposer que c'est l'ignorance relative de leur désavantage (fondée sur une statistique intuitive de leurs chances scolaires) qui affranchit ces sujets d'un des désavantages les plus réels de leur catégorie, à savoir le renoncement résigné à poursuivre des études « impossi-

---

(1) Nous avons emprunté à Mme S. Ferge, de l'Office central de statistique hongrois, cet indicateur des chances scolaires à l'échelle du groupe familial, c'est-à-dire telles que le sujet peut les percevoir concrètement. La famille étendue comprenait les grands-parents, les parents, les frères et sœurs, les frères et sœurs des parents et les cousins au premier degré. La différence constatée entre les chances de faire des études supérieures propres à une couche sociale et le nombre réel de membres de la famille étendue des étudiants appartenant à cette catégorie qui ont fait ou font ces études est significative *a fortiori* puisque le taux de scolarisation s'est accru régulièrement d'une génération à l'autre.

bles ». C'est peut-être parce que les étudiants originaires des basses classes sont en fait issus de la fraction la moins défavorisée des couches les plus défavorisées que la représentation des basses classes dans l'enseignement tend à se stabiliser lorsqu'a été épuisée cette catégorie marginale : par exemple, après s'être accrue régulièrement la proportion des fils d'ouvriers qui font des études secondaires plafonne aujourd'hui autour de 15 %.

Si des privilèges de nature aussi différente que la résidence parisienne ou l'appartenance à la classe cultivée sont à peu près toujours associés à la même attitude à l'égard de l'Ecole et de la culture, c'est que, liés dans les faits, ils favorisent l'adhésion à des valeurs dont la racine commune n'est autre chose que le fait même du privilège. Le poids de l'hérédité culturelle est tel que l'on peut ici posséder de façon exclusive sans même avoir besoin d'exclure, puisque tout se passe comme si n'étaient exclus que ceux qui s'excluent. Le rapport que les sujets entretiennent avec leur condition et avec les déterminismes sociaux qui la définissent fait partie de la définition complète de leur condition et des conditionnements qu'elle leur impose. Ces déterminismes n'ont pas besoin d'être consciemment perçus pour contraindre les sujets à se déterminer par rapport à eux, c'est-à-dire par rapport à *l'avenir objectif* de leur catégorie sociale. Il se pourrait même, plus généralement, que l'action des déterminismes soit d'autant plus impitoyable que l'étendue de leur efficacité est plus ignorée.

C'est pourquoi il n'est pas meilleure façon de servir le système en croyant le combattre que d'imputer aux seules inégalités économiques ou à une volonté politique toutes les inégalités devant l'Ecole. Le système d'éducation peut en effet assurer la perpétuation du privilège par le seul jeu de sa logique propre ; autrement dit, il peut servir les privilèges sans que les privilégiés aient à se servir de lui : par suite, toute revendication qui tend à autonomiser un aspect du système d'enseignement, qu'il s'agisse de l'enseignement supérieur dans sa totalité, ou, par un abstraction au second degré, de tel ou tel aspect de l'enseignement supérieur, sert objectivement le système et tout ce que sert le système puisqu'il suffit de laisser agir ces facteurs, de l'école maternelle à l'enseignement supérieur, pour assurer la perpétuation du privilège social. C'est ainsi que les mécanismes qui assurent l'élimination des enfants des classes inférieures et moyennes agiraient presque aussi efficacement (mais plus discrètement) dans le cas où une politique systématique de bourses ou d'allocations d'études rendrait formellement égaux devant l'Ecole les sujets de toutes les classes sociales ; on pourrait alors, avec plus de justifications que jamais, imputer à l'inégalité des dons ou à l'aspiration inégale à la culture la représentation inégale des différentes couches sociales aux différents niveaux de l'enseignement.

Bref, l'efficacité des facteurs sociaux d'inégalité est telle que l'égalisation des moyens économiques pourrait être réalisée sans que le système universitaire cesse pour autant de consacrer les inégalités par la transformation du privilège social en don ou en mérite individuel. Mieux, l'égalité formelle des chances étant réalisée, l'Ecole pourrait mettre toutes les apparences de la légitimité au service de la légitimation des privilèges.

CHAPITRE 2
JEUX SÉRIEUX ET JEUX DU SÉRIEUX

« Robert de Sorbon, dans une sorte de sermon humoristique qu'il adresse vraisemblablement aux élèves de son collège, ne craint pas de comparer l'examen de la faculté des Arts au Jugement dernier et va jusqu'à dire que les juges universitaires sont beaucoup plus sévères que les juges du ciel. »

« A Bologne on ne professait que le Droit ; les étudiants en Droit étaient des hommes d'un certain âge, très souvent des ecclésiastiques déjà munis de bénéfices. De pareils auditoires n'entendaient pas se laisser régenter. Ils formaient donc une corporation, une *Universitas*, distincte et indépendante du collège des maîtres ; et c'est leur corporation qui, en raison de sa forte organisation, y faisait la loi, imposait sa volonté aux maîtres qui étaient bien obligés d'en passer par où voulaient leurs élèves. Si paradoxal que puisse vous paraître ce type d'organisation scolaire, il a existé et dans plus d'un cas. »

DURKHEIM, *L'évolution pédagogique en France. Des origines à la Renaissance.*

Bien que les inégalités devant l'Ecole restent le plus souvent inaperçues et soient toujours ce dont on parle le moins lorsque l'on parle des étudiants et surtout lorsque les étudiants parlent d'eux-mêmes, elles ont assez d'évidence, au moins sous leur aspect strictement économique, pour contraindre à chercher l'unité du milieu étudiant dans l'identité de la pratique universitaire plutôt que dans l'identité des conditions d'existence. Mais se plier aux mêmes règles de droit universitaire, se soumettre aux mêmes formalités administratives, inscription ou visite médicale, éprouver ensemble la pénurie de locaux, l'anonymat de l'amphithéâtre ou des salles d'examens, les attentes devant le restaurant universitaire ou à la bibliothèque, subir les contraintes du même programme ou les manies des mêmes professeurs, disserter sur les mêmes sujets ou traiter les mêmes questions de cours, tout cela suffit-il à définir, même vaguement ou négativement, un groupe intégré et une condition professionnelle ?

Il est vrai que, généralement, l'analyse des traits spécifiques de la pratique professionnelle, de l'organisation sociale dans laquelle elle s'accomplit, de ses rythmes, de ses instruments et des contraintes qu'ils imposent, est une des conditions premières de toute compréhension des conduites, des attitudes et des idéologies d'un corps professionnel ; cependant, un groupe en perpétuel renouvellement, dont les membres diffèrent autant par leur passé social que par leur avenir professionnel et qui, au moins jusqu'à ce jour, ne vivent pas comme une profession la préparation à la profession, a chance de se définir plutôt par la signification et la fonction symbolique qu'il confère, presque unanimement, à sa pratique que par l'unité de sa pratique.

Sans doute, les étudiants vivent et entendent vivre dans un temps et un espace originaux. La parenthèse ouverte par les études les affranchit momentanément des rythmes de la vie familiale et professionnelle. Retranchés dans l'autonomie du temps universitaire, ils échappent plus complètement encore que leurs professeurs aux horaires de la société globale, ne connaissant d'autre échéance que le *dies irae* de l'examen et d'autre horaire que celui des cours, si peu contraignant. La dévotion scolaire a ses pratiquants réguliers et ses pratiquants saisonniers, mais tous, quelle que soit leur assiduité, vivent au rythme de l'année universitaire. Le seul calendrier imposé doit sa structure au cycle des études. Avec ses temps forts, l'effervescence de la rentrée et la fébrilité des veilles d'examen, encadrant le long temps faible de la mi-année, où fléchit l'assiduité et où se dissolvent les résolutions initiales, l'année universitaire scande l'effort scolaire en même temps que l'aventure intellectuelle, organise l'expérience et la mémoire autour des succès et des échecs et borne les projets à son horizon limité.

Hors des contraintes qu'impose ce calendrier, il n'y a ni dates ni horaires. La condition d'étudiant permet de briser les cadres temporels de la vie sociale ou d'en inverser l'ordonnance. S'éprouver comme étudiant, c'est d'abord, et peut-être avant tout, se sentir libre d'aller au cinéma n'importe quand et, par conséquent, jamais le dimanche, comme les autres ; c'est s'ingénier à affaiblir ou à renverser les grandes oppositions qui structurent impérieusement tant le loisir que l'activité des adultes ; c'est jouer à méconnaître l'opposition entre le week-end et la semaine, le jour et la nuit, le temps consacré au travail et le temps libre. Plus généralement, l'étudiant tend à dissoudre toutes les oppositions qui organisent la vie en la soumettant à la contrainte, par exemple celles qui séparent le bavardage de la discussion réglée et orientée, la culture libre de la culture imposée, l'exercice scolaire de l'œuvre personnelle.

« C'est le seul temps de la vie où on peut ne pas faire tout ce qu'on a à faire, où on peut travailler aux heures qu'on veut, se mettre en chômage si on le désire... » (fils de cadre supérieur, Paris, 26 ans) — « Etre étudiant, c'est travailler quand on en a envie, c'est avoir suffisamment de temps pour s'intéresser aux choses, avoir plus de loisirs, et un temps élastique. » (fils de cadre supérieur, Paris, 23 ans) — « Il n'y a pas de loisir ; je me refuse à faire la différence entre travail et loisir, je suis contre cette dichotomie ; soit elle est arbitraire, soit c'est un aveu d'échec : c'est le boulot qui nous embête » (fils de cadre moyen, Paris) — « Mon travail n'est pas désagréable, ne m'est pas imposé, je pourrais presque dire que tout mon travail m'est un loisir, je suis content de travailler puisque j'ai la chance de ne pas être obligé » (fils de cadre moyen, Paris) — « Pendant l'année, pour moi, le travail est une espèce de loisir et le loisir une espèce de travail ; enfin, c'est imbriqué et je crois que j'ai une tendance à tirer sur les loisirs beaucoup plus que sur le travail, enfin j'ai l'impression, c'est subjectif, que pour moi, la vie d'étudiant a beaucoup plus de loisirs que de travail effectif si on considère le travail comme quelque chose de pénible ou quelque chose d'embêtant. Travail, cette notion de devoir au sens kantien, ne m'a jamais tellement réussi, je préférerais ne rien foutre que (...). Si, enfin, il faut faire un petit minimum, il faut se forcer un peu, un tout petit peu » (fils de cadre supérieur, Paris) — « Je me pose rarement de problèmes, surtout avec les horaires ; il n'y a pas de séparation entre loisir et non-loisir ; s'il y a un film je vais le voir, aussi bien la semaine que le dimanche ; le problème du loisir lui-même ne se pose vraiment pas. Je n'ai aucune organisation dans mes loisirs, je choisis mes loisirs mais je ne les organise pas. Je choisis selon ce qui se présente plutôt que de dresser un calendrier. Je n'ai aucun abonnement à quoi que ce soit, ni de rencontres à dates fixes ou régulières (...). Je n'ai aucune habitude pour ce qui est du temps donné aux loisirs (...). Il n'y a rien de fixe ; comme je suis dans ma famille, il n'y a pas de loisirs prévus comme tels, mais finalement ça fait beaucoup d'heures » (fille de cadre supérieur, Paris).

Si superficielles et si factices soient-elles, ces libertés sont les licences décisoires par lesquelles le potache s'atteste qu'il devient étudiant. Le novice pourra mettre longtemps à acquérir l'art d'organiser lui-même son travail ; mais, parce que tout l'y incline, il s'approprie d'un seul coup et d'emblée l'art de vivre — ou de se laisser vivre — selon les modèles intellectuels les plus prestigieux :

> « Oui, je perds un temps fou ; je ne sais pas organiser mon travail suffisamment, alors je perds du temps et comme le travail passe avant les loisirs, c'est normal, je n'ai plus de temps pour les loisirs (...) » (fils de cadre supérieur, Paris) — « Quand je n'ai plus envie de travailler, quand je suis à une table, je prépare ce que je vais faire pendant la semaine... J'essaie de faire un horaire, donc en principe, j'ai un emploi du temps. En principe, alors évidemment, selon le temps, selon l'humeur du moment, ça marche ou ça ne marche pas » (fils de cadre supérieur, Paris) — « Mon problème, si tu veux, il est une question d'organisation (...). C'est que je n'arrive pas à me donner une discipline, quoi, c'est ça, toujours la même histoire (...). J'ai une peine inouïe à m'imposer une discipline, une méthode de travail « (fils de cadre supérieur, Paris) — « Je pense que ça doit plutôt être sur le plan de l'organisation intellectuelle, quelque chose ne tourne pas rond que je n'ai pas encore réussi à coordonner. La hiérarchie des urgences ne m'apparaît pas d'une façon nette ; par exemple, j'ai quelque chose à faire dans la maison, je me déplace pour faire cette chose et au moment où je me déplace, je réalise que je dois faire autre chose, c'est un peu des greffes sur d'autres greffes (...). J'en souffre. J'ai toujours trente livres à lire pour le certificat et chaque jour j'en prendrai un nouveau. Je dis chaque jour, presque chaque heure ! Je me dis il faut que je lise ça, alors je prends un livre, j'en lis trois ou quatre pages, et puis, le soir, je suis frappé par un autre livre et j'en prends un autre » (fils de commerçant, Paris).

Cet usage libre et libertaire du temps peut appartenir en propre à l'étudiant, sans pour autant définir positivement une condition étudiante. A la différence des rythmes sociaux qui font les groupes intégrés en soumettant les activités de tous aux mêmes contraintes, le temps flottant de la vie universitaire ne rassemble les étudiants que négativement, puisque les rythmes individuels peuvent n'avoir en commun que de différer différemment des grands rythmes collectifs.

Sans doute, partout où la vie universitaire s'est développée, elle a inscrit sur le sol ses habitats, ses aires de déplacement et ses itinéraires obligés. Les lieux de résidence et de loisir, même dispersés dans l'espace urbain, ont leur originalité, qu'atteste le langage courant : il y a des quartiers, des cafés, des chambres « d'étudiants ». Mais, outre que la plupart des étudiants n'ont en commun que le fait d'assister aux mêmes cours, on ne peut attribuer au seul fait de la coexistence ou de la cohabitation le pouvoir d'intégrer en un groupe cohérent les individus qu'elles rapprochent : ce n'est pas l'espace mais un usage de l'espace réglé et rythmé dans le temps qui fournit à un groupe un cadre d'intégration.

On le verrait aux conséquences différentes qu'entraîne la cohabitation en cité universitaire et dans les internats de type traditionnel. Si les classes préparatoires aux grandes écoles (et, par voie de conséquence, à un moindre degré, les grandes écoles) représentent des îlots d'intégration, si l'on y rencontre un corps de traditions orales ou écrites, des rites d'initiation et de passage, un code des relations avec autrui qui suppose la hiérarchie de l'ancienneté, un argot qui sert à nommer ce qu'il y a de plus spécifique dans l'expérience et enfin un « esprit » qui fait reconnaître et se reconnaître, tout au long de la vie, les « anciens élèves », c'est avant tout que l'espace et le temps, la commensalité et la cohabitation, le rythme de vie et la distribution des tâches dans le temps, retrouvent ici leur pouvoir structurant en raison de l'organisation des activités qu'impose la discipline scolaire. Comme dans le village traditionnel, les activités réglées et les contacts imposés et multipliés par l'uniformité de la règle permettent à chacun de tout savoir de chacun sans recourir à l'expérience directe. Il ne s'agit pas de proposer ce type d'intégration forcée et forcenée comme un idéal des relations entre condisciples ni même comme un modèle de travail efficace,

> mais de faire apercevoir à l'occasion de ce cas-limite qu'un
> espace et un temps communs ne sont des facteurs d'inté-
> gration que si l'usage en est réglé par une institution ou
> une tradition.

On attend parfois d'un regroupement des activités universitaires dans un même espace, c'est-à-dire du *campus,*
une transformation complète de toutes les relations sociales, qu'il s'agisse des relations entre professeurs et étudiants ou des rapports entre étudiants. En fait, si l'habitat
séparé est de nature à créer des conditions négatives de
l'intégration, l'intensification des activités collectives et
plus particulièrement des activités de coopération, suppose, en l'absence des mécanismes traditionnels de l'intégration communautaire, une institution et un personnel spécialisé chargé d'organiser le travail en commun
et d'enseigner les techniques de coopération. Et, de fait,
il n'apparaît de signe d'intégration dans le milieu étudiant que lorsqu'un groupe est requis de s'organiser par
une institution existante, ou lorsque la coopération est
imposée par les impératits scolaires de l'apprentissage,
par exemple, pour les facultés des lettres, dans certains
instituts spécialisés.

Mais, l'idéal de coopération ne trouve aucun encoura-
gement dans la tradition de l'Université française et, de
l'école primaire à la recherche scientifique, le travail collectif ne peut qu'exceptionnellement s'appuyer sur des
institutions. Parmi les tâches qu'ils s'assignent, les professeurs relèguent souvent au dernier rang la fonction
d'organisation qui pourrait leur incomber et tout particulièrement la tâche d'encadrer le travail collectif des
étudiants ; de plus, l'Ecole inculque, dès l'enfance, un
idéal contraire, celui de la compétition individualiste.
Aussi les étudiants peuvent-ils opposer à l'Université le
souhait du travail en équipe mais, formés par elle, ils
ne sont en rien préparés à inventer des techniques qui
contrediraient des valeurs intériorisées depuis longtemps.
Ainsi, l'échec fréquent des groupes de travail universi-

taire tient avant tout à ce que les étudiants, produits
d'un système qui développe l'inclination à la passivité, ne
peuvent par un miracle de résolution, créer *ex nihilo* des
formes nouvelles d'intégration.

Quant aux traditions qui ont intégré, au moins symboliquement, le milieu étudiant du passé, elles se sont
émiettées et restent aujourd'hui attachées à des groupes
marginaux. C'est dans les petites villes universitaires de
province que le « folklore » étudiant, avec ses cortèges et
ses chants, s'est perpétué le plus longtemps, indice d'intégration à la communauté locale plus qu'au monde étudiant. Ces signes d'originalité n'ont jamais été aussi mar-
qués que dans les époques où la population étudiante ne
représentait rien d'autre qu'une classe d'âge et où les
études fournissaient à de jeunes privilégiés un répit ou
un passage rituellement aménagés à l'orée d'une carrière
bourgeoise. Des facultés comme celles de droit ou de
médecine, peut-être parce qu'elles sont restées les plus
bourgeoises, ou parce qu'elles introduisent à des corps
plus traditionnels, constituent aujourd'hui le dernier refuge des rituels de corporation. Mais l'importance relative de leurs effectifs ayant régulièrement et fortement
régressé, elles ont cessé de donner le ton de la vie étudiante.

Les étudiants en droit et en médecine, qui, au début
du siècle, constituaient plus de 60 % de la population
étudiante, ne comptent plus aujourd'hui que pour moins
de 30 %, tandis que les étudiants en sciences et en lettres
représentent aujourd'hui 65 % de la population étudiante
contre moins de 25 % en 1901. Un tel renversement est de
nature à déterminer des changements qualitatifs, tant dans
la perception que les groupes extérieurs ont des étudiants
que dans la perception que les étudiants ont les uns des
autres. L'étudiant *modal* n'est plus aujourd'hui l'étudiant
en droit ou en médecine, ce qui n'est pas sans conséquences quand on songe au type d'attitude que favorisent le
recrutement plus bourgeois et les débouchés professionnels
de ces deux facultés (1).

---

(1) Cf. Appendice I, tableaux 1. 3 et 1. 4.

Privé de soutiens institutionnels et de cadres sociaux, de plus en plus éloigné des traditions périmées de la vie estudiantine, le milieu étudiant est peut-être moins intégré aujourd'hui que jamais. On n'y observe même pas ce jeu des oppositions formelles et ludiques entre sous-groupes qui assure un minimum d'intégration dans des ensembles aussi éphémères et aussi artificiels que la population d'un lycée ou d'une école : la distinction entre littéraires et scientifiques ou, au sein de la même faculté, entre disciplines différentes et entre promotions successives est tout administrative, l'ancienneté en faculté ou l'inscription à un certificat ne déterminant jamais que des catégories statistiques. L'absence de stéréotypes réciproques ou de relations à plaisanterie témoigne du défaut d'esprit de corps et surtout de la rareté des contacts et des échanges ; de même, plutôt que des argots véritables, on ne rencontre que des sabirs d'argots divers, empruntés à diverses sources et incapables de définir, ne fût-ce que par l'exclusion, l'appartenance à un groupe. Enfin, l'interconnaissance entre condisciples (et, *a fortiori,* entre étudiants de disciplines différentes) reste très faible, surtout à Paris. C'est naturellement entre les étudiants les plus assidus et, semble-t-il, les plus dépendants à l'égard de l'enseignement que les échanges sont les plus fréquents ; mais les seuls réseaux d'interconnaissance qui aient quelque continuité ou quelque consistance sont ceux qui datent d'une scolarité antérieure ou qui reposent sur des liens sociaux extérieurs, tels que l'origine géographique commune, l'affiliation religieuse ou politique et surtout l'appartenance aux classes sociales les plus aisées.

Tous les tests sociométriques montrent que les échanges hors de la salle de cours et même la simple connaissance des noms sont extrêmement rares. Si, comme le suggèrent différents indices, les échanges les plus suivis et les plus divers sont surtout le fait des étudiants originaires de la haute classe, c'est sans doute, comme mille autres faits en témoignent, qu'ils sont plus à l'aise dans le milieu universitaire et aussi, peut-être, qu'ils doivent à leur éducation des techniques de sociabilité qui conviennent à un tel milieu. Un sondage restreint réalisé à Lille semble indiquer que, toutes choses étant égales d'ailleurs, ce sont les étudiants et les étudiantes issus des couches les plus aisées qui sont les plus connus de leurs camarades et qui, bien qu'à un moindre degré, en connaissent un plus grand nombre. Et, de même, le fait de se placer plus ou moins près de la chaire pouvant être tenu pour un signe d'aisance et d'assurance, il n'est pas étonnant que, quel que soit le type de connaissance envisagé (depuis la connaissance de vue jusqu'à la coopération), le nombre de condisciples connus décroisse régulièrement quand on va des premiers rangs vers le fond de la salle (1).

Cette faible intégration est sans doute un obstacle à la transmission des informations techniques et des incitations intellectuelles. Ainsi, parmi les étudiants qui fréquentent la bibliothèque universitaire de Lille, ceux qui disent avoir lu ou emprunté un livre sur le conseil d'un camarade sont trois fois moins nombreux que ceux qui ont suivi le conseil d'un professeur. De même, l'influence des camarades n'intervient que très peu dans les orientations et les choix de carrière. Mais les contacts sporadiques et les bavardages de hasard suffisent à la propagation des rumeurs, souvent paniques, sur les professeurs, leurs exigences et leurs manies. Autant est faible, lente et incertaine, la circulation des informations au sujet de l'organisation de l'examen (on aperçoit, à chaque session, qu'une forte proportion d'étudiants ignore tout du jeu des options ou de la durée des épreuves), autant est rapide et étendue la propagation des bruits les plus extravagants. Ainsi se constituent la plupart des mythologies d'examens ou d'examinateurs. L'effervescence verbale peut favoriser la contagion culturelle ou l'imitation sans intégrer véritablement l'ensemble des étudiants à des valeurs communes, de même qu'elle peut soutenir l'idéal ou la nostalgie d'une intégration véritable sans fournir les moyens de la réaliser. Dès qu'apparaît le projet d'organiser des échanges tournés vers des fins pratiques, par exemple de constituer des groupes de travail efficaces, l'absence des mécanismes institutionnels ou traditionnels d'intégration se rappelle impitoyablement.

Tout conduit donc à douter que les étudiants constituent en fait un groupe social homogène, indépendant et intégré. S'il est vrai que la situation d'étudiant enferme assez de caractères spécifiques pour justifier qu'à un

---

(1) Cf. Appendice II, tableaux 2. 12 et 2. 13.

certain niveau de l'analyse on s'efforce de rapporter à cette situation les attitudes qui s'y rattachent le plus directement, il reste qu'en autonomisant complètement le milieu étudiant on s'interdirait d'en faire la sociologie. La sociologie d'un groupe dont les membres n'ont en commun que leur pratique universitaire et qui sont différenciés de mille façons, et jusque dans cette pratique, par leur origine sociale, ne peut être qu'un *cas particulier* (dont il faut évidemment définir la particularité) de la sociologie des inégalités sociales devant l'Ecole et devant la culture transmise par l'Ecole.

Plus proche de l'agrégat sans consistance que du groupe professionnel, le milieu étudiant présenterait tous les symptômes de l'anomie si les étudiants n'étaient qu'étudiants et s'ils n'étaient pas intégrés à d'autres groupes, c'est-à-dire, pour la plupart, à leur famille ou, secondairement, à des groupements électifs comme les associations religieuses ou les partis. Mais comme ce sont là, malgré l'apparence ou l'appellation, des groupements pour étudiants bien plus que des groupements étudiants, ceux qui restent assez étudiants pour ressentir le manque d'intégration comme solitude ou abandon trouvent dans des organisations qui donnent un début de réalité à l'idéal d'un milieu intégré, l'occasion d'éprouver plus fortement leur nostalgie de l'intégration. Ainsi, les étudiantes, qui sont les plus liées à leur milieu familial ou à des associations secondaires, sont en même temps à l'origine de la plupart des tentatives pour donner vie au groupe des condisciples. Mais le volontarisme bien intentionné de la plupart de ces efforts suffirait à montrer qu'ils ne peuvent s'appuyer ni sur une tradition vivante des techniques de fête ni sur des sentiments communautaires.

On voit se manifester chaque année, parmi les étudiants en philosophie d'une faculté des lettres de province, des tentatives pour organiser des activités collectives qui échouent régulièrement, sans doute parce qu'elles se heurtent à l'individualisme aristocratique des « philosophes ».

Ces tentatives sporadiques de regroupement sont le fait de ceux qui ne peuvent ou ne veulent pas sublimer leur solitude dans l'idéal de la méditation solitaire, c'est-à-dire, en premier lieu, des filles qui transposent dans leur rôle universitaire le souci d'organiser les échanges, caractéristique du rôle traditionnel de la femme. En 1964, le bureau d'Institut comprenait cinq filles et un garçon (membre de la « Corpo » et président du « groupe catho » des philosophes), tous en première année de licence, tous membres du groupe catholique. Bien que le noyau actif de l'Institut soit constitué par des membres de la « paroisse étudiante », que les trois quarts des étudiants en sciences humaines et en philosophie se disent catholiques et que le « groupe catho » compte vingt-cinq fidèles parmi les étudiants en philosophie, seules ont réussi les quelques entreprises auxquelles participaient des professeurs : un repas (quarante-cinq participants dont la moitié de garçons) et un voyage culturel à Paris (vingt-cinq participants). Dans tous les autres cas, un repas en commun sans les professeurs et une « crêpe-party », le groupe s'est trouvé réduit au noyau d'activistes catholiques, les filles étant chaque fois majoritaires. Quant au projet de révision en commun, il n'a pas dépassé le stade du vœu pieux.

A Paris, où le milieu étudiant est moins intégré que partout ailleurs, de semblables conduites de compensation sont encore plus rares et la résignation du plus grand nombre coexiste avec l'onirisme idéologique de quelques-uns : alors que les contacts avec les professeurs sont évidemment plus rares à Paris qu'en province, c'est à Paris qu'ils sont le moins souvent réclamés, au moins par la masse des étudiants, peut-être parce que la réalité fait apparaître plus clairement l'irréalisme d'une telle aspiration ; au contraire, les provinciaux peuvent réclamer l'intensification d'échanges qui leur paraissent exclus par les mœurs universitaires plutôt qu'interdits par les nécessités matérielles.

Tout se passe donc comme si, en deçà d'un certain seuil, les attentes raisonnables, trop manifestement démenties et dénoncées par la réalité, devaient céder la place à la résignation dans le malaise ou à l'utopie millénariste. Ce n'est sans doute pas un hasard si les étudiants parisiens, condamnés par le système actuel à la pure coexistence spatiale, à l'assistance passive et à la compétition solitaire pour le diplôme, accablés par l'expérience de l'anonymat et par l'agression diffuse du nombre, ont tendance à substituer à la critique réaliste du réel le terrorisme conceptuel de revendications verbales qui se satisfont pour une bonne part dans le seul fait de se formuler. L'utopie selon laquelle de « petits groupes de travail » ne pourraient accroître l'intensité de la communication entre les étudiants qu'en les arrachant totalement à l'emprise de l'organisation universitaire et le mythe de l'enseignement absolument non-directif, de la co-éducation et du « socratisme » à plusieurs, ne font que projeter le besoin d'intégration sous la forme de l'idéal formel de l'intégration pour l'intégration.

Si peu réalistes soient-elles, les formes les plus outrancières de cette idéologie doivent être prises au sérieux parce qu'il se pourrait qu'elles expriment une des vérités que le milieu étudiant met le plus de soin à se dissimuler. Est-ce en effet aller trop loin que de se demander si l'idéologie la plus extrêmiste n'exprime pas la *vérité objective* d'un groupe dominé par des valeurs et des habitudes de pensée qu'il doit à son recrutement bourgeois, à son implantation parisienne et au caractère plus traditionaliste de sa spécialité scolaire ?

Si différents soient-ils, si grandes que puissent être les inégalités qui les séparent, tant dans leurs conditions d'existence que dans leurs chances de réussite, les étudiants ont au moins en commun la volonté de réaliser, aussi bien dans le mythe de l'unité que dans le jeu de la diversification, l'identification individuelle à quelque chose qui, sans être un modèle, est moins qu'un idéal et plus qu'un stéréotype, et qui définit une essence historique de l'étudiant. L'effort pour comprendre certaines des attitudes profondes des étudiants à partir de la forme générique de la situation de l'étudiant se justifie dans la mesure où cette situation enferme, au titre de possibilité objective, la tentation d'un rapport à la condition étudiante et aux études qui vaut comme type historique, même s'il n'est que très inégalement réalisé par les diverses catégories d'étudiants.

S'il est vain d'espérer découvrir des modèles de comportement proprement étudiants sous des conformismes sporadiques et changeants, qu'ils soient vestimentaires, cosmétiques ou idéologiques, c'est peut-être que les étudiants se ressemblent surtout par la nature du rapport qu'ils entretiennent avec ce qu'ils sont et ce qu'ils font ou mieux, par ce qu'ils font dire à ce qu'ils font et à ce qu'ils sont. Si les comportements auxquels l'observateur reconnaît communément l'étudiant sont d'abord des comportements symboliques, c'est-à-dire des actes par lesquels l'étudiant témoigne devant les autres et devant lui-même de son aptitude à être l'auteur d'une image originale de l'étudiant, c'est qu'il est condamné par la condition transitoire et préparatoire où il est placé à être seulement ce qu'il projette d'être, ou même, pur projet d'être.

Ce projet ne prédétermine pas de façon univoque le contenu des conduites symboliques dans lesquelles il s'accomplit. La volonté, parfois appliquée et méthodique, de se réaliser comme étudiant, ne suppose pas la reconnaissance unanime d'une image de l'étudiant idéal, puisque l'image de ce que l'on entend réaliser peut se réduire à l'impératif de réaliser une image. Vouloir être et vouloir se choisir, c'est d'abord se refuser à être ce qu'on n'a pas choisi d'être. Parmi les nécessités refusées ou transfigurées, il y a d'abord l'enracinement dans un milieu social. Les étudiants s'accordent, le plus souvent, pour éluder la simple nomination de la profession de leurs parents, quelle qu'elle soit. Le silence honteux, le demi-mensonge ou la rupture proclamée sont autant de manières de prendre ses distances avec l'idée insupportable qu'une détermination aussi peu choisie puisse déterminer quelqu'un tout entier occupé à se choisir (1). L'aspiration à se faire et

---

(1) Le taux de non-réponse à la question concernant la profession des parents est toujours particulièrement élevé dans une population d'étudiants.

à se choisir n'oblige pas à un comportement déterminé, mais seulement à un usage symbolique du comportement destiné à témoigner que l'on a choisi ce comportement. Aussi les affirmations ou les négations entre lesquelles se partage indifféremment le discours que l'étudiant tient sur l'étudiant et sur lui-même comme étudiant reviennent-elles toujours à la question qui fait son être, la question de ce qu'il est.

> « Je ne pense jamais à moi en tant qu'étudiante » (étudiante en architecture, 20 ans) — « Il n'y a pas qu'un étudiant ; on n'est pas qu'étudiant » (étudiante en sociologie, 20 ans) — « Je suis étudiante comme autre chose » (étudiante en psychologie, 27 ans) — « L'étudiant c'est moi, je ne peux parler que de moi si on m'interroge » (étudiant en sociologie, 21 ans).

Dès qu'une conduite s'affirme avec une régularité ou une fréquence qui la jettent dans la banalité (qu'il s'agisse du port du caban ou de l'admiration pour Cannonball Adderley), elle lègue à la conduite qui la refuse son pouvoir de différenciation. Se distinguer en tant qu'étudiant, c'est en effet se distinguer de l'essence de l'étudiant dans laquelle on enferme les autres.

> « Je suis un cas particulier, je ne corresponds pas à ce que l'on appelle l'étudiant » (étudiante en archéologie, 20 ans) — « Je ne suis pas étudiant » (étudiant en psychologie, 26 ans) — « L'étudiant type, c'est l'étudiant indépendant (...). Il y a une mode, des courants intellectuels, mais c'est plutôt suivi par ceux qui essaient d'avoir le genre étudiant » (étudiant en sociologie, 24 ans) — « L'image de l'étudiant sorbonnard : il a mauvaise mine, il se ballade avec *le Monde,* il discute dans les cafés (...), il râle contre la Sorbonne parce qu'on n'y est pas heureux » (étudiante en ethnologie, 21 ans).

Tout rapport à une contrainte, quelle qu'elle soit, tend ici à s'accomplir selon la logique de la transfiguration symbolique de la nécessité en liberté. Si l'expérience de l'espace et du temps est aussi irréelle que possible, c'est que les étudiants en réinterprètent symboliquement les contraintes pour s'y choisir comme étudiants. Certains lieux peuvent être fréquentés exclusivement par les étudiants, comme les restaurants universitaires, ou majoritairement, comme certains cafés, sans pour autant rapprocher socialement les petits groupes qui s'y côtoient : si, à la différence du café populaire où les échanges engagent tous les « habitués », l'unité élémentaire des cafés étudiants reste la tablée, c'est que nombre d'étudiants viennent consommer avant tout les significations symboliques dont sont investis le café et le travail solitaire au café. Loin de se situer et de situer dans un espace de la communication ou de la coopération, le café — comme le ciné-club ou la cave de jazz — fait partie d'un espace mythique où les étudiants viennent rejoindre l'étudiant archétypal plus qu'ils ne s'y rejoignent. Il n'est pas jusqu'à la « chambre d'étudiant », espace imposé par des contraintes économiques, qui ne puisse se prêter au jeu des transfigurations symboliques. Par opposition à la chambre « chez des particuliers » ou en foyer, elle s'inscrit, même pour ceux qui déplorent d'y être réduits, dans un espace littéraire qui privilégie les extrêmes opposés, le haut et le bas, la cave et le grenier, et elle manifeste, dans sa pauvreté même, les risques de la vocation et le prix de la liberté.

Les étudiants sont partiellement irréductibles à leur classe d'origine, et même à leur condition et à leur pratique (toujours étroitement liées à leur origine), parce que, novices de l'intelligence, ils se définissent par *le rapport* qu'ils entretiennent avec leur classe d'origine, leur condition et leur pratique et que, aspirants intellectuels, ils s'efforcent de vivre ce rapport selon les modèles de la classe intellectuelle, réinterprétés dans la logique de leur condition. S'affirmant, par réaction contre les disciplines du secondaire, comme sujet d'un libre-arbitre culturel, l'étudiant hante le ciné-club, achète disques et électrophone, décore sa chambre de reproductions, découvre l'avant-garde littéraire ou cinématographique. Qu'il s'agisse des discussions politiques et culturelles ou des prêts de livres et de disques, les échanges ne sont pas toujours assez informés pour que l'on puisse parler d'éducation mutuelle, ils semblent avoir au moins pour effet de favoriser la reconnaissance des valeurs de culture. Intercesseurs et intermédiaires, les aînés convertis entraînent les plus jeunes dans l'adhésion obligée à un univers culturel qui risquerait autrement d'apparaître comme apanage d'adultes ou de mandarins.

Adolescent et apprenti, l'étudiant est plus que tout autre à la recherche de maîtres à penser et à vivre ; par là, il est tout particulièrement sensible au prestige des exemples que, futur intellectuel, il ne saurait trouver ailleurs que dans le monde intellectuel et, bien souvent, dans la fraction du monde intellectuel avec laquelle sa pratique quotidienne le met en contact direct et permanent, à savoir le corps professoral. Un groupe défini par l'aspiration à la culture favorise naturellement l'adhésion aux valeurs culturelles et à la valeur de ceux qui les transmettent ou qui les incarnent. Et il arrive que tel ou tel maître, directement fréquenté, présente l'image prestigieuse de l'intellectuel que l'on aspire à réaliser : il n'est pas de *curriculum* d'étudiant qui ne soit traversé par un « grand professeur » et c'est toujours au nom d'un maître prestigieux que l'on refuse la routine des simples pédagogues. Le dédoublement de l'*imago* professorale permet à l'étudiant de s'identifier aux valeurs qu'incarne le « bon professeur », malgré la répulsion pour les professeurs tyranniques, rabâcheurs ou rabat-joie. Le professeur peut même apparaître comme garant et caution de la légitimité des engagements les plus éloignés de l'univers scolaire : les étudiants ne réalisent-ils pas leur « essence singulière », avec la béatitude qui accompagne naturellement une telle perfection, lorsqu'ils servent les mêmes causes politiques que leurs maîtres ?

On pourra objecter — c'est dans l'air du temps — que l'action des maîtres n'est plus rien auprès d'influences concurrentes, comme les moyens modernes de communication, mieux faits pour satisfaire les attentes nouvelles. Il serait trop facile de démontrer que l'Université reste, au moins en milieu étudiant, le grand véhicule de la culture la plus traditionnelle, et aussi, indirectement et secondairement, des contenus culturels moins orthodoxes. Par exemple, les érudits en cinéma ou en jazz sont beaucoup plus rares que n'aiment à le croire les critiques entraînés par leur intérêt professionnel, infiniment plus rares en tout cas que dans les arts qui font l'objet d'un enseignement. Et surtout, ce sont les sujets les plus adaptés à l'univers scolaire qui, transposant des techniques et des intérêts scolaires, ont les plus fortes performances en ces domaines.

Loin de constituer une culture parallèle, concurrente ou compensatrice, la connaissance du cinéma et du jazz varie en raison directe de la familiarité avec les arts traditionnels. Il est donc naturel que les groupes les plus intégrés à l'univers scolaire et au plus haut niveau obtiennent les meilleurs résultats en jazz et en cinéma comme ailleurs : par exemple, ayant à citer le nom des metteurs en scène d'une série de films, 94 % des polytechniciens réussissent à donner au moins un nom contre 69 % seulement des étudiants de licence ; de même, 73 % des polytechniciens témoignent d'une connaissance minimum du jazz contre 49 % seulement des étudiants de licence.

On sait la rareté des entreprises culturelles proprement étudiantes, groupes de théâtre ou cercles de poésie, qui n'ont quelque continuité que lorsqu'ils s'appuient sur des institutions universitaires ou qu'ils répondent à des attentes scolaires. Ainsi, à la Sorbonne, le groupe de théâtre antique et le groupe de comédie moderne ne doivent de s'être maintenus et développés qu'à un glissement vers le quasi-professionnalisme, perçu comme tel par la plupart des étudiants qui n'en connaissent les productions que dans la mesure où elles servent leur préparation scolaire.

Parce que certains étudiants jouent à contester, dans leurs opinions déclarées ou leurs attitudes superficielles, l'efficacité de l'action scolaire, parce qu'on veut se prouver que l'enseignement n'influence plus rien ni personne, on oublie que l'enseignement réussit, dans une large mesure, à susciter chez les élèves le besoin des produits qu'il dispense. Le professeur a toujours pour tâche, en effet, de créer la propension à consommer du savoir en même temps que de la satisfaire. C'est peut-être dans la tradition universitaire française que l'action de l'enseignement sur le marché des biens culturels apparaît le plus nettement. Le charisme professoral est une incitation permanente à la consommation cultivée : l'exhibition de virtuose, le jeu des allusions laudatives ou des silences dépréciatifs suffisent à orienter, souvent de façon décisive, la pratique de l'étudiant. On remarque souvent, non sans ironie, que plus d'un étudiant s'est cru « philosophe » pour avoir eu un professeur de philosophie prestigieux, mais on aperçoit moins souvent que l'influence des professeurs s'étend aussi à des domaines qui ne font pas l'objet d'un enseignement (1).

Produits du système, l'étudiant et le professeur en expriment la logique : l'étudiant ne contribue en rien à orienter la « production » ou la transmission du savoir ; le professeur ne consulte pas (ou très peu) l'étudiant sur ses besoins, et, quand il essaie de le faire, il rencontre communément la passivité ou l'étonnement de l'étudiant qui, animé d'une propension indifférenciée à absorber du savoir, attend précisément du professeur qu'il indique les urgences et choisisse lui-même de satisfaire les besoins qu'il a créés en décidant de les satisfaire. Le professeur a donc l'initiative en tout ; il lui appartient de définir les programmes, les sujets des cours, des travaux, des lectures, ainsi que la quantité de fantaisie qui peut être injectée sans risque dans la machine scolaire. L'enquête de consommation peut, dans l'état actuel, se ramener à une enquête de production : pour savoir ce que l'étudiant (et *a fortiori* le lycéen) consomme, il suffit (ou à peu près) de savoir ce que l'enseignement produit. Les libraires de petites villes le savent bien qui, avant de s'approvisionner en Marx plutôt qu'en Nietzsche, attendent que le nouveau professeur de philosophie se soit dévoilé. Celui-ci joue en effet un rôle éminent dans cette

---

(1) En réponse à une question ouverte, les trois-quarts des étudiants associent l'évènement le plus important de leur biographie artistique à un professeur.

consécration scolaire des nouveautés : qu'il s'agisse du cours sur Heidegger, de la place faite à Sartre ou à la cybernétique, à l'euthanasie ou à Mauriac, ils décrètent (pour leurs quarante élèves annuels) les besoins culturels nobles et ceux qui ne le sont pas.

Rien d'étonnant si, dans ces conditions, l'entreprise scolaire parvient à produire, bon an, mal an, un lot de consommateurs particulièrement conformes. Il n'est pour s'en persuader que de songer à l'orthodoxie culturelle dont témoignent ces produits d'exposition que sont les lauréats du concours général. En 1963, sur les dix-huit premiers prix (dont quinze étaient fils et filles de cadres supérieurs ou de membres des professions libérales et trois fils de commerçants), treize disaient se destiner à l'enseignement ou à la recherche, témoignant par là leur reconnaissance envers une Université qui avait su les reconnaître. Tous faisaient de la lecture leur loisir d'élection et leurs préférences se groupaient dans le petit cercle de l'avant-garde consacrée : Camus, Malraux, Valéry, Kafka, Proust. Onze d'entre eux disaient aimer surtout la musique classique et le théâtre, le cinéma et le jazz ne venant jamais qu'au second rang. Enfin, ils refusaient avec indignation l'idée que Johnny Hallyday pût représenter la jeunesse actuelle et mettaient la Grèce en tête des pays qu'ils aimeraient visiter. Ainsi, chaque année, les jeunes lauréats révèlent, dans leurs projets d'avenir, les vertus que célèbrent les articles nécrologiques. Voyant dans le premier prix de philosophie, de français ou de langues anciennes, la réalisation la plus accomplie des valeurs attachées à l'enseignement classique, on peut composer le type idéal de l'*homo academicus* en sa forme juvénile : issu de parents et de grands-parents eux-mêmes enseignants, le premier prix de philosophie de 1964 a pour projet de préparer l'école normale supérieure, d'y passer l'agrégation et de devenir professeur de philosophie, tandis que le premier prix de version latine « a lu l'ensemble de la littérature française à quinze ans et deux mois », et, « farouchement individualiste »,

« étonnant par sa précocité », n'hésite qu'entre la recherche et l'enseignement (les journaux, juin 1964).

C'est là sans doute un cas extrême, mais n'est-il pas
inévitable qu'une institution armée de tels moyens de
transmission transmette quelque chose, serait-ce tout
autre chose que ce qu'elle veut et croit transmettre ?
En fait, malgré l'apparence, l'Université prêche toujours des convertis : étant donné que sa fonction dernière est d'obtenir l'adhésion aux valeurs de culture, elle
n'a pas vraiment besoin de contraindre et de sanctionner
puisque sa clientèle se définit par l'aspiration plus ou
moins avouée à entrer dans la classe intellectuelle. Mais,
l'accession à l'intelligentsia n'étant un projet rationnel et
raisonnable que pour une fraction restreinte des étudiants, quelle peut être la fonction de cette expérience
fictive et ludique de la condition intellectuelle qu'il est
donné à tous les étudiants d'accomplir pendant plusieurs
années, y compris à ceux qui ne seront pas des intellectuels ?

La mauvaise foi collective grâce à laquelle certains
étudiants parviennent à se dissimuler la vérité de leur
travail présent en se dissimulant l'avenir auquel il prépare est la première forme de la ruse de la raison universitaire. L'exercice symbolique de la profession intellectuelle, l'accomplissement sur le mode du « faire sem-
blant », comme dit Jean Château à propos de l'enfant,
des tâches de l'intellectuel accompli, sont, sous un certain rapport et pour certaines catégories d'étudiants, une
des conditions de l'adhésion aux valeurs qui dominent
le monde intellectuel. A la façon du normalien de la
belle époque, l'étudiant en lettres ou en philosophie peut,
encore aujourd'hui, vivre le temps des études comme
retraite initiatique préparant à une vie exclusivement
intellectuelle, et peut-être faut-il (ou fallait-il jusqu'ici)
qu'il en soit ainsi. Loin d'être tenu pour un simple
moyen, l'apprentissage est à lui-même sa fin. Par l'autonomisation du présent des études, au prix d'une double négation, du *terminus a quo* et du *terminus ad quem*,
on peut se donner l'illusion de vivre pleinement la voca-

tion intellectuelle. Dès lors, l'apprentissage du jeu et du double-jeu avec les déterminismes sociaux apparaît comme une bonne préparation professionnelle puisqu'il assure l'acquisition des techniques par lesquelles l'intellectuel pourra se donner l'expérience, réelle ou fictive, de la *freischwebende Intelligenz.*

Cette illusion ne se trouve-t-elle pas favorisée par l'irréalité même de la pratique universitaire ? Il n'est pas jusqu'aux sanctions et aux obligations spécifiques qui ne soient comme amorties et émoussées. Par une complicité tacite entre étudiants et professeurs, la discipline universitaire ne peut être ni imposée ni subie comme impérieuse et impitoyable ; l'échec ne revêt jamais, même s'il est vécu dans le drame, la gravité d'un débauchage. Par la nature de la sanction la plus sérieuse qu'il enferme, l'examen, le système universitaire est sans doute plus proche du jeu que du travail. Mais si l'on sait que, hanté par l'inquiétude d'être quelque chose ou quelqu'un, l'étudiant est incliné à l'interrogation permanente sur soi, et que, imprégnés de l'esprit essentialiste qui habite une institution chargée d'établir des hiérarchies indiscutées, les professeurs se sentent d'autant plus fondés à juger les étudiants dans leur être qu'ils perçoivent leur production, exposé ou dissertation, comme exercice, « faire » fictif dont la seule fin est de manifester des aptitudes virtuelles et définitives, c'est-à-dire essentielles, on comprend que l'étudiant soit condamné à chercher dans la valeur que le jugement de l'Ecole décerne à ses « œuvres » le seul signe indiscutable de l'élection. Professeurs et étudiants peuvent percevoir l'irréalité des épreuves et des sanctions scolaires ou en plaisanter à l'occasion sans cesser d'y engager les valeurs dramatiques du salut personnel (1). La dissertation est unanimement ressentie

---

(1) C'est dans les classes préparatoires aux grandes écoles, et plus spécialement littéraires, que la mystique de la réussite scolaire comme signe du salut personnel est portée à son paroxysme. On sait les drames que déterminent certains échecs et, non moins, certaines réussites.

comme prétexte, mais prétexte à juger des hommes, ou, à tout le moins, l'homme universitaire qu'il y a en tout homme de nos sociétés et que les universitaires ne sont pas les seuls à tenir pour le tout de l'homme. Si l'univers scolaire évoque par plus d'un trait l'univers du jeu, champ d'application de règles qui ne valent que pour autant que l'on accepte de jouer, espace et temps limités, délimités, arrachés au monde réel où pèsent les déterminismes, c'est que, plus que tout autre jeu, il propose ou impose à ceux qui le jouent la tentation de se prendre au jeu en leur donnant à croire qu'il a leur être pour enjeu.

Et la mise en question de l'Université et de la culture universitaire n'obéit-elle pas, elle aussi, au modèle universitaire par excellence, celui de la contestation complice et fictive, de la *disputatio de quolibet* et de la *dissertatio de omni re scibili,* exercices suprêmement formels par lesquels l'Ecole enseigne, sous la contrainte, l'exercice de la liberté intellectuelle ? Comment ne pas voir en effet que la révolte contre le système scolaire et l'évasion dans les enthousiasmes hétérodoxes réalisent, par des voies détournées, les fins ultimes que poursuit l'Université ? En suscitant, même contre son gré, l'adhésion révoltée à une « anticulture », tenue pour plus vivante et plus vraie, le professeur le plus routinier remplit malgré lui sa fonction objective : déterminer les néophytes à adorer la culture et non l'universitaire chargé seulement d'organiser le culte de la culture. Bref, ruse suprême de la raison scolaire, la contrainte jette les plus récalcitrants dans l'adhésion aux valeurs qui nient fictivement ce que sert la contrainte. Les conduites les plus bohêmes en apparence ne sont souvent que l'obéissance à des modèles traditionnels hors du champ traditionnel d'application de ces modèles et les francs-tireurs de la culture de bons élèves qui font l'école buissonnière. La passion pour le western serait-elle la même s'il n'apparaissait comme le far-west de la culture ? Le responsable de ciné-club entend les exposés ou les interventions que le professeur de lettres ou de philosophie s'efforce, souvent en vain, de susciter. Ainsi, la révolte contre la contrainte extérieure de la règle est une des voies par où s'accomplit l'intériorisation des valeurs qu'impose la règle ; comme dans le mythe freudien, c'est avec le meurtre du père que commence le règne du père introjecté.

Faut-il s'étonner si les étudiants en lettres de Paris présentent une image *idéal-typique,* c'est-à-dire à la fois accomplie et caricaturale, de l'étudiant comme novice intellectuel, tenu de faire ses preuves d'intellectuel autonome, en s'exerçant au jeu qui fait de l'art de décevoir les attentes le mode privilégié de l'exercice de la liberté intellectuelle ?

C'est à Paris que le refus de laisser transparaître l'influence du milieu familial sur les opinions politiques est le plus marqué : en effet, bien que l'Université de Paris compte la proportion la plus forte d'étudiants d'origine bourgeoise, la part des étudiants qui se disent à gauche y est plus forte qu'en province, où les opinions politiques de gauche sont très fortement liées à l'appartenance aux classes défavorisées. C'est encore à Paris que la part des étudiants qui, se disant de gauche, refusent de se reconnaître dans un parti de gauche est la plus forte ; et ceux qui, pour se définir politiquement, éprouvent le besoin de forger des étiquettes originales, telles que « trotzkisme rénové », « anarchisme constructif », « néo-communisme révolutionnaire », sont parisiens pour les deux tiers. Plus généralement, si, dans leurs choix esthétiques, qui se portent souvent vers l'avant-garde, ou leurs choix politiques, souvent extrêmistes, les étudiants parisiens sont et se veulent en rupture, s'ils s'engagent et entendent s'engager à contre-courant et à contre-pente, obéissant au conformisme de l'anti-conformisme, c'est que les valeurs de dilettantisme et de désinvolture que les étudiants bourgeois importent dans le milieu étudiant et qui s'imposent, surtout à Paris, à l'ensemble du milieu étudiant, sont en affinité avec les valeurs qui entrent dans l'idéal intellectuel de l'intelligence sans attache et sans racine.

C'est pourquoi ils sont plus que tous les autres portés à confondre les ruptures symboliques de l'adolescence avec un accomplissement intellectuel. Ainsi, nombre d'étudiantes dont tant de choix restent régis par les modèles les plus traditionnels accomplissent l'image qu'elles se font de l'intellectuelle affranchie en s'affranchissant des normes sexuelles. Le haut rendement symbolique de ces franchises se décèle aux renversements formels qu'elles autorisent : « A la valorisation de la virginité (...) une autre « mystique » succède : celle de la virginité qu'il faut perdre à tout prix » (1). Et le charme de certains engagements politiques tient souvent, pour une part, à ce qu'ils permettent de consommer symboliquement la rupture avec le milieu familial sous la forme à la fois la moins coûteuse et la plus scandaleuse. Le jeu typiquement intellectuel de la prise de distance par rapport à toutes les limitations, qu'il s'agisse de l'origine sociale ou de l'avenir professionnel et des études qui le préparent, appelle et supporte le jeu de la dissimilation pour la dissimilation. Autant les différences qui tiennent à l'origine sociale sont passées sous silence, autant celles que l'on exprime délibérément dans les opinions et les goûts sont manifestes et manifestées. Il est peu de sociétés où les sectes s'opposent, se composent et se décomposent aussi rapidement et selon des mécanismes aussi complexes ; peu de groupes où le jeu des polémiques mobilise de telles énergies et suscite de telles passions. Ainsi, les minoritaires d'un groupement peuvent s'opposer à la majorité de ce groupement sans rejoindre pour autant la position des majoritaires d'un groupement plus vaste où ceux dont ils se distinguent sont eux-mêmes minoritaires (2).

---

(1) Mme AMADO LÉVY-VALENSI : « L'étudiant possède-t-il une affectivité d'adulte ? » *Lille - U*, n° 7, nov.-déc. 1963.

(2) Tel est le modèle simplifié des rapports les plus fréquents au sein de la bureaucratie syndicale, par exemple des rapports d'un bureau de groupe parisien à la F. G. E. L. et de la F. G. E. L. à la direction de l'U. N. E. F.

Bien que la plupart des étudiants ne participent que de fort loin à ces débats et ne s'y reconnaissent souvent qu'assez difficilement, les idées politiques ou les valeurs esthétiques qu'ils s'opposent et par lesquelles ils s'opposent dans des discussions sans fin obéissent à la même logique. La volonté de se distinguer peut trouver un terrain aussi bien et à la fois dans l'ordre politique, dans l'ordre philosophique ou dans l'ordre esthétique : un trotzkisme s'oppose à l'autre autant et autrement qu'il s'oppose au maoïsme, tandis que les admirateurs du premier Antonioni s'opposent aux fervents du second, l'une ou l'autre chapelle s'accordant pour exécuter Bergman mais par des attendus différents. En fait la quête de la différence suppose le *consensus* sur les limites dans lesquelles peut se jouer le jeu des différences et sur la nécessité de le jouer dans ces limites. Mais étant donné la difficulté qu'il y a à trouver de vraies différences sans sortir des limites du *consensus,* les oppositions risquent toujours d'être fictives ou formelles et l'on s'expose à ne jamais discuter de l'essentiel parce qu'il faut être d'accord sur l'essentiel pour discuter.

C'est à Paris que l'alliance du *consensus* et du *dissensus* dans les limites du *consensus* est la plus manifeste. La prolifération de groupuscules opposés et les conflits de tendances rivales ne doivent pas dissimuler en effet que 79 % des étudiants en lettres de Paris se disent à gauche contre 56 % des littéraires provinciaux et que 20 % seulement se disent hostiles à toute participation syndicale à Paris contre 35 % en province. Le corps des opinions obligées reste grossièrement identique même s'il reçoit des harmoniques différents selon les écoles de pensée : par exemple, si les « engagements » s'expriment dans des conduites et des vocabulaires très divers, la règle du jeu est qu'on ne mette jamais en question la nécessité de « s'engager » et, plus précisément, de « s'engager concrètement ». De même, les étudiants peuvent entrevoir le caractère ludique de leurs discussions sans cesser complètement de les prendre au sérieux : « Les discussions, est-ce utile ou inutile ? Ça prend beaucoup de temps mais ça fait partie du train-train quotidien » (fils de cadre supérieur, Paris) — « Il y a tout le genre réunions, discussions dans les cafés qui peuvent, qui ne sont pas forcément complètement idiotes ; d'ailleurs, elles peuvent être politiques ou sociales ; enfin ça n'apporte généralement pas grand-chose, mais enfin ça prend un certain temps » (fils de commerçant, Paris) — « Chaque jour au café, ça peut être considéré comme un loisir, enfin c'est un moment de détente, quoi, une manière de considérer les choses qui ne sont pas directement discutées à l'école » (fils de cadre supérieur, Paris) — « Le dimanche soir dans une piaule, je fais venir des camarades pour discuter ; alors ce sont des loisirs si l'on veut » (fils de cadre supérieur, Paris).

La pression directement exercée par le milieu ne peut expliquer ni la force du *consensus* ni le goût pour les oppositions formelles dans les limites du *consensus,* puisque, on l'a vu, le monde étudiant est à Paris moins intégré que partout ailleurs. Les jeux idéologiques ne sont sans doute qu'un aspect de toute une attitude à l'égard des études et de la vie intellectuelle qui est normalement autorisée par la situation de privilégié. Faute de distinguer clairement les conditions d'existence et les conditions de travail, on ignore le plus souvent que les conditions d'existence des étudiants parisiens sont sensiblement meilleures que celles des étudiants provinciaux : c'est à Paris que la part des étudiants issus des classes les plus favorisées est la plus élevée ainsi que la part des étudiants logés dans leur famille ou recevant d'elle leurs ressources, tandis que la proportion de ceux qui tirent leurs revenus d'un travail rétribué y est la plus faible. Sachant que les avantages culturels qui sont régulièrement associés à l'origine bourgeoise sont redoublés par la résidence parisienne, on comprend que, cumulant tous les privilèges, les étudiants bourgeois de Paris soient en mesure de manifester, plus que tous les autres, la désinvolture et le détachement à l'égard des études où l'on reconnaît la maîtrise intellectuelle et soient plus que les autres portés aux audaces politiques qui leur procurent les satisfactions d'une adhésion au *consensus* intellectuel d'autant plus méritoire apparemment qu'elle est délibérée.

Mais les différences les plus importantes, au moins dans le domaine des attitudes profondes, tiennent peut-être à la nature du rapport que les Parisiens et les provinciaux entretiennent avec l'institution universitaire, le corps professoral et le milieu intellectuel. Plus proches du foyer des valeurs intellectuelles, les étudiants parisiens en subissent plus fortement l'attraction. La proximité des cénacles, la connaissance des nuances qui les séparent et qui ne sont perceptibles que pour les initiés en première personne ou par personne interposée, ou, mieux encore, pour ceux qui appartiennent par la naissance à la famille restreinte ou étendue des intellectuels, bref tout le capital d'informations qui ne s'acquiert que par la fréquentation des séminaires, des conférences, des débats ou des meetings, par la lecture des revues à la mode ou par la participation aux groupuscules toujours hantés par quelque intermédiaire informé, donnent aux grands débats théoriques une saveur de ragot et autorisent une familiarité, à la fois sacralisante et désacralisante, tout à fait analogue à celle qui permet au petit peuple de Rome la conversation irrespectueuse sur les respectables secrets de Curie.

De plus, la dépendance à l'égard de la tutelle universitaire est plus grande en province qu'à Paris : tandis que l'étudiant parisien trouve dans la multiplicité des professeurs le moyen de relativiser le prestige (sinon l'autorité) de chaque professeur, et, plus radicalement, dans la diversité du monde intellectuel, le moyen de relativiser le prestige professoral, l'étudiant provincial est condamné à l'Université et à l'universitaire qui règne en maître dans sa discipline et, plus enchaîné aux contraintes scolaires jusque dans ses intérêts les plus libres, il est moins enclin à vivre ses études comme une aventure intellectuelle.

Tout prédispose donc les littéraires parisiens à entrer dans les jeux du Paris littéraire. Devant à leur formation tout un arsenal rhétorique et le goût des idées, ils se sentent d'autant plus fondés à intervenir dans les débats idéologiques du temps qu'ils y sont objectivement invités par leur situation de public disputé. Mais lorsqu'ils le font, comme aujourd'hui à propos de la crise de l'enseignement, ils ont tendance à y apporter leurs grandes ambitions et leurs petits drames, élargissant à l'échelle de l'univers une expérience qu'ils sont enclins à vivre et à penser comme universelle parce qu'ils la vivent et la pensent dans un univers qui a pour vocation de penser l'universel. Ainsi, parce qu'en lettres, en philosophie ou dans les sciences sociales, la frontière entre le bavardage sentencieux et la discussion scientifique est plus indécise qu'ailleurs, parce que la connaissance qui s'acquiert par ouï-dire y a moins de chances de s'apercevoir comme telle, les étudiants en ces matières peuvent faire de ce qui n'est qu'une illusion de débutant le principe d'une réflexion à prétention universelle sur l'enseignement. Il se pourrait aussi que les jeux idéologiques soient une des manières de surmonter une expérience angoissée et malheureuse de la condition étudiante. La recherche de l'originalité à tout prix a sans doute une fonction particulièrement vitale pour l'étudiant parisien qui, placé dans des conditions de travail extrêmement difficiles, éprouve à chaque instant l'inquiétude que suscite le contact menaçant avec la foule de concurrents inconnus. Il n'est pas exclu que des expériences plus facilement avouées, comme celle de l'écrasement ou de l'isolement, expriment en la « déplaçant » l'anxiété fondamentale de l'étudiant : condamné à se poser sans cesse la question de ce qu'il est et de ce qu'il vaut et n'ayant d'autre signe de son élection que la réussite scolaire, c'est dans son être qu'il se sent atteint par l'échec ou l'anonymat. Comme les efforts ou les ruses pour se faire remarquer du professeur (« se faire bien voir ») ou leur envers, le ricanement et le dénigrement, les débats idéologiques sont au nombre des moyens d'échapper à cette quasi-expérience du délaissement.

Si le mythe de l'auto-éducation, utopie aristocratique propre aux petits groupes d'élus qui entendent déterminer eux-mêmes les fins de leur activité, a connu récemment un tel succès, c'est peut-être que cette idéologie venait combler les attentes les plus profondes et les plus inavouées des étudiants littéraires, parisiens et bourgeois, en instaurant la fête permanente : par la fête, un groupe peut affirmer son intégration en intensifiant fictivement les échanges symboliques ; il peut savourer plus pleinement les gratifications que procure l'intégration en se donnant à lui-même en spectacle comme groupe intégré, sans que ce jeu de l'intégration ait d'autre fin que le renforcement de l'intégration (1).

S'il est malaisé de reconnaître ce qui divise et ce qui rassemble réellement les étudiants, s'il est difficile de faire la part du jeu et du sérieux dans leurs engagements, leurs convictions et leurs exercices, c'est que les idéologies et les images que suscite le rapport traditionnel à la culture condamnent la pratique universitaire, professorale ou étudiante, à n'appréhender le réel qu'indirectement et symboliquement, c'est-à-dire à travers le voile de l'illusion rhétorique. Pour saisir le modèle du rapport qui unit les idéologies à la signification objective des conduites, il faut donc se placer dans le cas pur où seraient donnés en même temps l'attitude traditionnelle à l'égard de la culture qu'encouragent et perpétuent les disciplines littéraires, le contact intense avec le monde intellectuel que favorise la résidence parisienne et la liberté sans risque qu'autorise une origine sociale aisée. La représentation que forme de sa condition l'étudiant réunissant cet ensemble de traits, c'est-à-dire à la limite le littéraire parisien fils d'intellectuel, pris comme *type idéal* de l'étudiant

---

(1) Si nous touchons ici à ce débat, c'est seulement que, dans les oppositions entre organisations scientifiques et littéraires, parisiennes et provinciales, l'analyse sociologique appréhende autre chose et plus que des affrontements de thèses justiciables du seul jugement politique. Il est visible que ces conflits expriment sinon des intérêts réellement opposés, au moins des différences d'esprit étroitement liées aux différences sociales entre les groupes en conflit.

traditionnel, apparaît alors comme l'image retournée de sa condition. Par un renversement du pour au contre, la sociologie des idéologies révèle l'identité que dissimulent les différences proclamées et les différences qui se cachent sous l'identité proclamée (1).

S'il est vrai que le déterminant majeur des attitudes est l'origine sociale, s'il est vrai que les étudiants issus de la bourgeoisie restent majoritaires et que les valeurs qu'ils doivent à leur milieu continuent à s'imposer à eux et, à travers eux, aux étudiants originaires des autres classes, on peut légitimement considérer que le milieu étudiant doit nombre de ses caractères au groupe qui y reste dominant numériquement et statutairement. Les novices de l'intelligence se recrutent surtout parmi les étudiants d'origine bourgeoise parce que les jeux de l'intelligence libre supposent que les études soient vécues comme un jeu excluant toute autre sanction que celle qui est définie par la règle du jeu et non comme un apprentissage soumis à l'épreuve de la réussite professionnelle. Par suite, on s'éloignera de la description *idéaltypique* qui prête à l'ensemble des étudiants les caractères du groupe dominant à mesure que s'accroîtra la proportion des étudiants originaires des classes populaires, porteurs de valeurs nouvelles et condamnés à une expérience plus réaliste de la situation d'étudiant ; moins vite cependant, parce que les étudiants d'origine bourgeoise pourront cesser d'être majoritaires numériquement sans que les normes et les valeurs qu'ils ont léguées au milieu étudiant cessent d'être tenues, même par les catégories nouvellement venues à l'enseignement supérieur, pour inséparables de ce milieu.

La condition étudiante ne condamne pas indistinctement et uniformément toutes les catégories d'étudiants à une expérience irréelle et ludique. Dans les questions qu'ils se posent à propos de leur rôle présent et futur, les étudiants engagent, surtout depuis quelques années,

_____

(1) Cf. ci-contre, tableau n° V.

Tableau V

IDÉOLOGIE

- Unité de la condition étudiante posée comme irréductible et spécifique

d'où

- Affirmation de l'unanimité des aspirations étudiantes :
  — à un même niveau de vie
  — à l'indépendance
  — à un rapport pédagogique nouveau

IDENTITÉ
PROCLAMÉE

- Surenchère dans le *dissensus* à laquelle oblige le *consensus*

d'où

- Diversité et diversification politique, idéologique, esthétique, etc.

DIFFÉRENCES
PROCLAMÉES

IDENTITÉ
CACHÉE

- Prépondérance numérique et statutaire des étudiants d'origine bourgeoise

- Conformisme de l'anti-conformisme (obéissance aux normes du milieu intellectuel).

- Conformité aux exigences scolaires dans une population qui est le produit d'une action scolaire continuée

- Différenciation de la condition étudiante : les conditions d'existence, comme les attitudes et les attentes à l'égard de l'Ecole ou de la culture, dépendent de l'origine sociale.

- Différenciation liée à la résidence à Paris ou en province.

- Différenciation de la pratique scolaire liée à la diversité des disciplines.

SOCIOLOGIE

77

un sérieux incontestable et il n'est pas indifférent qu'ils se posent explicitement la question du sérieux de leurs revendications. Mais l'irréalité de la condition étudiante ne s'évanouit pas par la seule vertu de l'intention de sérieux. Mieux, ne serait-ce pas d'un sentiment aggravé de l'irréalité de l'expérience scolaire que sont nées aussi bien les questions sérieuses sur le sérieux de la condition étudiante que des questions irréelles sur des problèmes réels ?

Il faut distinguer en effet l'irréalité que l'expérience de l'étudiant doit au fait que sa condition n'est un métier que par analogie, et l'irréalisme auquel prédisposent inégalement des conditions d'existence plus ou moins favorisées. L'inclination à l'irréalisme n'est pas exclusivement fonction de la part d'irréalité qu'enferme la situation : ainsi, l'expérience futile et frivole que l'étudiant bourgeois de la tradition (fils de notaire, assuré qu'il serait notaire) pouvait avoir de ses études faisait la moindre part à l'irréalité constitutive de la condition d'étudiant ; au contraire, les étudiants en lettres actuels peuvent tout ignorer de l'expérience folklorique des étudiants du passé et ressentir pourtant l'irréalité de l'avenir auquel se réfèrent leurs conduites les plus apparentes et qu'ils appellent de leurs vœux les plus vifs ; ils peuvent même, s'ils sont d'origine petite-bourgeoisie ou populaire, éprouver l'irréalité d'un enseignement peu transformé dans ses méthodes et parfois dans son contenu, parce qu'il est peu adapté aux attentes et aux intérêts qu'ils doivent à leur milieu ou peut-être parce qu'ils le mesurent à un avenir professionnel dont ils ont un souci plus réaliste. D'autre part, l'indifférence aux réalités n'est jamais telle que les conduites et les attitudes ne s'organisent, consciemment ou inconsciemment, par référence aux chances objectives de tenir effectivement le rôle auquel on se prépare. Ainsi, le degré d'adhésion au jeu intellectuel et aux valeurs qu'il engage n'est jamais indépendant de l'origine sociale. Sous le nom de « sérieux » se dissimulent donc deux façons de vivre la condition étudiante. L'une est caractéristique surtout des étudiants d'origine bourgeoise, qui font de leurs études une expérience où n'entrent pas de problèmes plus sérieux que ceux qu'ils y introduisent. L'autre exprime l'inquiétude de l'avenir propre à des étudiants venus des couches sociales les plus éloignées de la culture scolaire et condamnées à la vivre irréellement. Il s'ensuit que les dénonciations de l'irréalité n'ont pas toutes le même sérieux et que les expériences les plus sérieuses de l'irréalité ne prédisposent pas nécessairement au réalisme.

CHAPITRE 3
APPRENTIS OU APPRENTIS SORCIERS ?

« La nécessité d'être élevé existe chez les enfants comme le sentiment qui leur est propre de ne pas être satisfaits d'être ce qu'ils sont. (...) La pédagogie du jeu traite l'élément puéril comme quelque chose de valable en soi, le présente aux enfants comme tel, et rabaisse pour eux ce qui est sérieux, et elle-même, à une forme puérile peu considérée par les enfants. En les représentant comme achevés dans l'état d'inachèvement où ils se sentent, en s'efforçant ainsi de les rendre contents, elle trouble et elle altère leur vrai besoin spontané qui est bien meilleur. Elle a pour effet le détachement des réalités substantielles, du monde spirituel, et d'abord le mépris des hommes, qui se sont présentés eux-mêmes comme puérils et méprisables aux enfants, et enfin, la vanité et la confiance des enfants pleins du sentiment de leur distinction propre. »

HEGEL, *Principes de la philosophie du droit.*

Pour comprendre en quoi et pourquoi la situation de l'étudiant enferme la possibilité objective d'un rapport irréel ou mystifié aux études et à l'avenir qu'elles préparent, il faut construire, au moins à des fins heuristiques, le *type idéal* de la conduite étudiante parfaitement conforme à la rationalité, conduite qui engagerait exclusivement des moyens conçus comme adéquats par référence à des fins posées de façon univoque. Serait-elle aussi éloignée que possible de la réalité, cette construction fictive n'est en rien un idéal puisqu'elle est obtenue par le développement logique de la réalité impliquée dans le fait d'être étudiant ou d'être dans la situation d'étudiant. Outre qu'on comprend mieux le sens des conduites réelles en les confrontant à la conduite *idéaltypiquement* rationnelle, dotée de l'évidence propre à toute conduite rationnelle, l'explicitation complète de tout ce qu'enferme l'accomplissement rationnel des études permet d'évaluer la distance qui sépare de la conduite rationnelle les conduites réelles des différentes catégories d'étudiants et, plus précisément, de mesurer ces conduites, non à une norme arbitrairement choisie, mais au modèle construit de ce que serait la conduite étudiante si elle était parfaitement conforme à ce qu'elle prétend être en certaines de ses expressions idéologiques, c'est-à-dire parfaitement rationnelle par référence aux fins qu'elle pose pas son existence même. S'il advient que le modèle de la conduite construit dans l'hypothèse de la conformité aux fins rationnelles qui sont objectivement inscrites dans la situation d'étudiant fasse figure d'utopie lorsqu'on le compare aux conduites réelles des étudiants, et qu'il fasse apparaître comme utopiques les idéologies millénaristes de certains groupes d'étudiants, c'est qu'il aura rempli sa fonction de pierre de touche de la rationalité et du réalisme des conduites et des idéologies.

Il faut en prendre son parti : pour l'étudiant, faire, ce n'est jamais que se faire. Seul l'emportement rhétorique peut conduire à oublier ce qui fait la définition même du rôle d'étudiant : étudier, ce n'est pas créer, mais se créer, ce n'est pas créer une culture, moins encore créer une culture nouvelle, c'est se créer, dans le meilleur des cas, comme créateur de culture, ou, dans la majorité des cas, comme utilisateur ou transmetteur averti d'une culture créée par d'autres, c'est-à-dire comme enseignant ou spécialiste. Plus généralement, étudier ce n'est pas produire, mais se produire comme capable de produire.

Faut-il en conclure que l'étudiant soit condamné à un rôle passif, comme s'il n'y avait d'autre alternative qu'entre l'ingurgitation ou la création ? L'image romantique du travail intellectuel et l'impatience des disciplines à soi-même imposées conduisent certains à repousser comme infantilisante l'activité spécifique de *l'apprenti intellectuel,* à savoir l'apprentissage de l'activité intellectuelle par l'entraînement et l'exercice. Or, c'est en organisant ce « faire » fictif qu'est l'exercice que l'Ecole prépare les étudiants à faire, en faisant ce qu'il faut faire pour se faire.

Autrement dit, l'étudiant n'a pas et ne saurait avoir d'autre tâche que de travailler à sa propre disparition en tant qu'étudiant (1). Ce qui supposerait qu'il s'assume en

_____

(1) On pourrait objecter que nous ne définissons ici qu'une des rationalités possibles de l'enseignement, et tout particulièrement de l'enseignement supérieur. Le type rationnel du rapport aux études dont nous esquissons quelques traits n'est pas autre chose que le type idéal de l'apprentissage intellectuel auquel on peut refuser de

tant qu'étudiant et en tant qu'étudiant provisoire : travailler à sa propre disparition en tant qu'étudiant, ce serait alors travailler à la disparition du professeur comme professeur en s'emparant de ce par quoi il est professeur, aidé en cela par le professeur qui se donnerait pour tâche de préparer sa propre disparition en tant que professeur. C'est assez montrer que la mystification par excellence consiste à se nier magiquement en tant qu'étudiant en niant le professeur comme professeur par l'utopie de la participation à la création de la culture, c'est-à-dire en croyant s'abolir en tant qu'étudiant quand on ne fait que se refuser à être étudiant sans s'imposer la patience et le travail de la négation.

Les modèles de la conduite professorale et de la conduite étudiante construits dans l'hypothèse de la rationalité des fins et des moyens sont, on le voit, également éloignés de la réalité actuelle. Ainsi, professeurs et étudiants peuvent se rencontrer dans la dénonciation de la passivité des étudiants sans cesser pour autant de profiter des avantages qu'elle leur procure. Il est trop évident que, surtout à Paris, l'étudiant est condamné à n'être jamais que le terme passif du rapport pédagogique. S'il se perçoit comme sujet agi, dépourvu d'initiative et réduit, tel une statue de Condillac, à une pure réceptivité, c'est qu'en fait toute son activité est d'enregistrement : il accumule matériellement et mentalement du savoir et, dispensé de créer et surtout de s'exercer à créer, il est le réceptacle pur du savoir professoral. Mais imputer cet état de choses au seul conservatisme de professeurs autoritaires, c'est se dispenser d'analyser les satisfactions profondes qu'il procure aux étudiants, ce qui conduirait à mieux comprendre les satisfactions qu'il assure du même coup aux professeurs : jamais un professeur ne réclame toute la passivité que les étudiants lui accordent et l'invitation professorale à la participation active ne suffit pas plus à arracher à la passivité les étudiants façonnés par le système

réduire les études au nom des meilleurs raisons. Mais cette définition minimum est mise ici au premier plan parce que dans la représentation charismatique des études que tendent à se faire étudiants et professeurs elle est celle qui est la plus complètement refusée. On verra plus loin que les vestiges traditionnels ou charismatiques peuvent avoir une fonction positive, surtout dans les disciplines les plus traditionnelles comme les lettres ou la philosophie. (Cf. *infra*, pp. 89-90.)

et soumis à la logique du système, que le spartakisme étudiant qui rejette l'oppression professorale au nom du mythe de la création étudiante, comme si la passivité s'opposait seulement à la création.

De même que tout le monde s'accorde à définir l'étudiant comme quelqu'un qui étudie, sans en tirer les mêmes conséquences, de même on conviendra aisément qu'être étudiant c'est se préparer par l'étude à un avenir professionnel. Mais il n'est pas superflu de dégager toutes les implications de cette formule. C'est dire d'abord que l'action d'étudier est un moyen au service d'une fin qui lui est extérieure ; c'est dire ensuite que l'action présente ne prend son sens que par référence à un avenir que ce présent ne prépare qu'en préparant sa propre négation. Il suit de là qu'une condition qui se définit comme provisoire et transitoire ne peut tenir son sérieux que de la condition professionnelle à laquelle elle prépare, ou, en d'autres termes, que le présent n'a ici de réalité que par procuration et par anticipation. Aussi, à condition d'aller jusqu'au bout de la logique, la manière la plus rationnelle de faire le métier d'étudiant consisterait à organiser toute l'action présente par référence aux exigences de la vie professionnelle et à mettre en œuvre tous les moyens rationnels pour atteindre, dans le moins de temps possible, et le plus parfaitement possible, cette fin explicitement assumée (1).

_____

(1) On peut opposer à la définition de l'enseignement « rationnel » qui se trouve ici proposée implicitement, à travers une description *idéal-typique* de l'apprentissage rationnel, que les demandes du système économique ne sont plus formulées aujourd'hui en termes de spécialisation étroite et que l'accent est mis, au contraire, sur l'adaptabilité à des tâches multiples. Ce n'est là qu'une querelle de mots puisqu'il s'agit au fond d'un nouveau type de spécialisation exigé par les transformations du système économique. D'autre part, il n'est pas dans notre intention de prôner un enseignement strictement spécialisé, ce qui reviendrait à sanctionner les inégalités culturelles puisque le milieu familial serait le seul véhicule de la culture savante. Les ambiguïtés de l'action scolaire sont d'autant plus funestes qu'aucune institution ne peut remplacer l'Ecole lorsqu'il s'agit de faire accéder le plus grand nombre à la culture sous toutes ses formes, depuis la fréquentation des musées jusqu'au maniement des notions

La réalité est tout autre. Tout se passe comme si les étudiants, bénéficiant en cela de la complicité intéressée de leurs professeurs, travaillaient inconsciemment à se masquer la vérité de leur travail, en séparant leur présent de leur avenir, les moyens des fins qu'ils sont censés servir. Si ce que font les étudiants, c'est-à-dire ce qu'on leur fait faire, leur apparaît souvent comme un « faire-semblant » ou un « faire comme si », c'est que le travail ne s'accompagne pas, comme ailleurs, des gratifications sérieuses et palpables qui suivent directement les tâches professionnelles. Un avenir lié au présent par trop de médiations risque toujours d'être éprouvé comme fictif et fictivement. L'autonomisation d'un état essentiellement provisoire et transitoire permet à l'étudiant de s'oublier comme tel en oubliant son avenir. A cette fin, la tradition universitaire lui propose deux grands modèles qui, en apparence contradictoires, sont également approuvés, la « bête à concours » et le « dilettante »(1). Le premier, fasciné par la réussite scolaire, met au service de l'examen l'oubli de tout ce qui est au-delà, à commencer par la qualification que l'examen est censé garantir. A l'étudiant « polarisé » par l'horizon borné des échéances scolaires s'oppose, en apparence, le « dilettante » qui ne connaît que les horizons indéfiniment reculés de l'aventure intellectuelle. L'illusion de l'apprentissage comme fin en soi réalise l'aspiration à la condition d'intellectuel, éternel apprenti, mais de façon magique seulement, puisqu'elle doit nier les fins que sert réellement l'apprentissage, à savoir l'accession à une profession, fût-elle intellectuelle. Dans les deux cas, c'est le même effort pour immobiliser fictivement, en l'éternisant ou en l'autonomisant, un présent qui appelle objectivement sa propre disparition.

---

et des techniques économiques ou à la conscience politique. Le fait que les arts et les lettres soient le plus souvent enseignés selon des méthodes traditionnelles (en raison même de la fonction sociale de cette culture) ne doit pas faire conclure qu'il n'est pas, en ce domaine comme ailleurs, de pédagogie rationnelle.

(1) Ces vertus ont leurs excès que professeurs et étudiants s'accordent à ridiculiser : la « polarisation » et la « fumisterie ».

Ces deux façons de vivre sans la vivre la vie étudiante ne coexistent aussi heureusement chez les étudiants, et parfois chez le même étudiant, que parce qu'elles sont produites et encouragées par tout le système universitaire et qu'elles procurent aux professeurs, adversaires et complices, les raisons et les moyens de vivre le métier de professeur tel qu'ils le veulent. Il faut et il suffit en effet que l'étudiant se fasse de sa condition une image rationnelle et réaliste pour que le professeur se trouve confronté à des exigences qui le relèguent au rôle d'auxiliaire pédagogique. La tâche professionnelle du professeur n'est plus alors qu'un moment d'un projet professionnel dont il cesse d'être maître et dont la vérité lui échappe. De même que certains étudiants se nient magiquement en tant qu'étudiants ou, ce qui revient au même, nient magiquement le professeur en tant que professeur, de même, nombre de professeurs qui s'ingénient par tous les ressorts du charisme à nier la possibilité de leur propre négation en tant que maîtres, se refuseraient absolument à ce rôle instrumental.

L'expérience mystifiée de la condition étudiante autorise l'expérience enchantée de la fonction professorale : à la mise en rapport, techniquement aménagée, entre un pédagogue et un apprenti peut se substituer la rencontre d'élection entre des élus. Parce qu'il permet aux professeurs de s'apparaître comme des maîtres communiquant par don personnel une culture totale, ce jeu des complaisances réciproques et complémentaires obéit à la logique d'un système qui, comme le système français en sa forme présente, semble servir des fins traditionnelles plutôt que rationnelles et travailler objectivement à former des hommes cultivés plutôt que des hommes de métier (1). Le cours magistral lui-même est encore un

_____

(1) Ceci n'est jamais aussi vrai que dans l'enseignement littéraire, mais n'est jamais tout à fait faux ailleurs : l'enseignement scientifique peut aussi faire sa place au charisme, la virtuosité des belles solutions tendant à faire la moindre part aux démarches patientes et aux manipulations subalternes.

échange puisque la prouesse du virtuose s'adresse implicitement à des sujets dignes de la recevoir et de l'apprécier. L'échange universitaire est un échange de dons où chacun des partenaires accorde à l'autre ce qu'il attend de lui, la reconnaissance de son propre don (1).

Mais tous les étudiants n'entretiennent pas avec leur condition présente un rapport également truqué, parce que l'avenir n'est pas pour tous également irréel, indéterminé ou désenchanteur. La distance par rapport au projet rationnel est fonction des chances objectives de l'avenir le plus fortement espéré ; or ces chances diffèrent fortement selon la nature de l'avenir professionnel souhaité et selon la situation présente de chaque catégorie d'étudiants. L'image de la profession risque toujours d'être plus indéterminée chez un étudiant en lettres que chez un étudiant en médecine ou un élève de l'E. N. A. A l'intérieur même des facultés de lettres, les disciplines aux débouchés incertains, comme la sociologie, semblent attirer les étudiants dont la vocation est la plus incertaine en même temps qu'ils favorisent l'incertitude touchant la vocation. Lorsque l'avenir professionnel est lié de façon claire et sûre au présent des études, l'exercice universitaire est immédiatement subordonné aux tâches professionnelles qui lui fournissent un sens et une raison d'être ; au contraire, hanté par l'inquiétude d'un futur inquiétant parce qu'incertain et informulable, l'étudiant en lettres est condamné, s'il veut sauver le sens de son entreprise, à confondre l'exercice scolaire avec une aventure intellectuelle. Si l'étudiant en philosophie ne s'apparaît pas et ne peut s'apparaître comme futur professeur

---

(1) On trouvera une analyse plus systématique du rapport pédagogique comme échange complice d'images prestigieuses ainsi que de la tolérance au malentendu linguistique qui en est solidaire dans l'introduction du deuxième numéro des *Cahiers du centre de sociologie européenne, op. cit.,* pp. 11-36.

de philosophie, c'est qu'il a besoin d'oublier cet aboutissement pour y atteindre. Ici, l'expérience mystifiée est une
des conditions de l'adhésion aux valeurs engagées dans
la pratique même. Les images les plus illogiques du travail ne sont donc pas toujours dépourvues de toute logique
pour les disciplines littéraires où l'intention de rationaliser les moyens risque toujours d'apparaître comme incompatible avec la nature des fins, plus traditionnelles
que rationnelles, ou, à tout le moins, comme capable
d'ôter aussi bien aux études qu'à la carrière intellectuelle
qu'elles préparent ce qui, faute souvent d'autre gratifica-
tion, en fait tout le charme.

Parce que l'entrée dans une profession est pour elles
particulièrement improbable, les étudiantes sont aussi
condamnées à l'effort pour se dissimuler un futur qui
risquerait d'ôter tout sens à leur présent ou de lui con-
férer une saveur en tout opposée à celle qu'elles veulent
lui trouver. Mais leur avenir objectif s'impose si clairement que, dans leur cas, la mystification ne peut jamais
réussir complètement, en sorte que la clé de nombre de
leurs comportements ne peut être trouvée que dans la
vérité objective de leur situation. La différence entre les
sexes n'apparaît jamais aussi manifestement que dans les
conduites ou les opinions qui engagent l'image de soi
ou l'anticipation de l'avenir. Bien que les conditions de
vie et de travail des étudiantes tendent toujours davantage à se rapprocher de celles des étudiants, bien que les
étudiantes professent plus que toute autre catégorie féminine le refus de la condition traditionnellement faite à
la femme dans la société, il faudrait se garder de conclure que toutes les étudiantes se sont également éloignées,
dans tous les domaines, de tous les modèles traditionnels.
Trop manifestement associés à un rôle refusé, les modèles
les plus patents ont le plus de chance de susciter la résistance ou la révolte, tandis que des modèles non moins
traditionnels mais moins clairement perçus peuvent continuer à agir souterrainement parce qu'ils continuent à
déterminer l'avenir objectif et collectif.

Les étudiantes, et surtout celles qui sont issues de la bourgeoisie, ont de l'avenir une appréhension confuse : « Ça me plaît énormément d'être étudiante, c'est le moment de la vie où on est le plus heureux, où on fait ce qui plaît (...). On est disponible à tout, c'est le moment où on doit s'enrichir » (étudiante, Paris, 20 ans, fille d'éditeur) — « Ça me plaît d'être étudiante, on est très disponible » (étudiante, Paris, 20 ans, fille de médecin) — « L'étudiant marche vers quelque chose, c'est une attente, ce qui est important c'est de se sentir productif » (étudiante, Paris, 20 ans, fille d'ambassadeur) — « Etre étudiant, c'est le moment de la vie où on s'oriente ; on peut être étudiant toute sa vie, c'est un type de travail comme un autre : on a la responsabilité de ce que l'on fait et on recherche un progrès intellectuel » (étudiante, Paris, 21 ans, fille de professeur de l'enseignement supérieur) — « Les étudiants n'ont pas bonne conscience vis-à-vis de ce qu'ils apprennent (...). Je n'ai pas le sentiment d'être utile en ce moment (...). Est-ce que moi, française, je pourrai un jour assumer ce que j'ai acquis dans la société telle qu'elle se présente ? D'un point de vue strictement professionnel, j'arriverai à me débrouiller, mais selon une vue plus large, je ne sais pas » (étudiante, Paris, 21 ans, fille de cadre supérieur). La référence à l'avenir objectif de la catégorie semble très précoce puisqu'on la saisit, dès le lycée, chez des fillettes de 14 à 15 ans, non seulement à travers le choix de professions dites « féminines » — professeur, psychologue scolaire, décoratrice — mais aussi à travers le souci, souvent explicitement mentionné, de se réserver pour les tâches familiales en accomplissant un travail à mi-temps.

Si garçons et filles d'une même catégorie sociale diffèrent moins par leurs chances objectives d'accéder à l'enseignement supérieur que par leurs chances de faire tel ou tel type d'études, c'est, pour une grande part, que les parents et les jeunes filles elles-mêmes continuent à adhérer à une image des « qualités » ou des « dons » spécifiquement féminins qui reste dominée par le modèle traditionnel de la division du travail entre les sexes (1). De même, on peut supposer que les différences qui séparent étudiants et étudiantes au niveau des conditions

---

(1) Cf. Appendice I, tableau 1. 5.

d'existence (de l'habitat par exemple), ne sont pas sans refléter l'image que se font les parents, et les étudiantes elles-mêmes, des libertés qui conviennent aux garçons et aux filles. Plus généralement, c'est dans les comportements ou les attitudes liés aux aspects les moins conscients de l'image de soi que les différences selon le sexe sont les plus marquées. Les filles se destinent plus souvent que les garçons à l'enseignement, la préférence exprimant le souci, plus vif en province qu'à Paris, de ne pas renier les tâches traditionnelles de la femme (1). A niveau égal, elles se font une idée plus modeste de leur valeur scolaire et témoignent d'une humilité plus grande devant les techniques de travail intellectuel. On peut voir un autre indice de leur plus grande difficulté à vivre leurs études comme une vocation intellectuelle dans le fait qu'elles lisent moins d'ouvrages philosophiques et sociologiques que les garçons, alors qu'elles consacrent à peu près le même temps hebdomadaire au travail scolaire (2). Tout se passe comme si, éprouvant plus vivement l'irréalité des activités culturelles les moins scolaires, l'étudiante cherchait à éluder par son zèle et sa docilité scolaire la question de l'avenir que préparent les études. Les différences que l'on constate dans l'ordre des engagements politiques et syndicaux peuvent s'expliquer selon la même logique. La politique reste implicitement, en milieu étudiant, l'apanage des garçons : il n'est pas rare que les dirigeants syndicaux imputent à la forte représentation féminine la tiédeur syndicale des étudiants et qu'ils répugnent à confier aux filles les tâches tenues pour les plus sérieuses. Moins politi-

---

(1) L'évolution de la représentation féminine dans les différentes disciplines témoigne que les modèles traditionnels de la division du travail entre les sexes régissent encore très fortement les choix professionnels des étudiantes et du même coup dominent l'expérience qu'elles font de leur condition : c'est dans les facultés de lettres (où les jeunes filles ont été très tôt représentées) et en pharmacie que la part des étudiantes est aujourd'hui la plus grande (supérieure à la moitié) et que la féminisation a été la plus rapide. Cf. Appendice I, tableau 1. 5.

(2) Cf. Appendice II, tableaux 2. 31 à 2. 34.

sées et moins à gauche que les garçons, les filles participent moins aux responsabilités syndicales ; elles lisent moins de journaux et des journaux moins politiques (1).

Rien ne mettrait mieux en lumière la spécificité du rapport qu'entretiennent les filles avec les valeurs dominantes du milieu étudiant et les difficultés auxquelles elles se heurtent lorsqu'elles s'efforcent de recomposer une image unifiée de leur rôle, que le style de leurs propos sur « l'engagement ». Participant largement du *consensus* idéologique propre au milieu étudiant, elles se disent (pour les deux tiers) « engagées » et celles qui ne le sont pas s'en excusent. Mais tout leur propos trahit la fidélité à une définition traditionnelle des tâches de la femme. On n'y trouve qu'exceptionnellement la justification utilitariste ou rationnelle du « service d'autrui » et les métaphores abondent qui exaltent l'idéal d'oblation, vestige de l'éthique traditionnelle. Le vocabulaire du *contact* et du *rapport* alterne avec celui de l'*ouverture à autrui,* de l'*enrichissement* et de l'*épanouissement* ou avec le vocabulaire moral du *devoir de présence :* « avoir des rapports humains enrichissants. » « Avoir de nombreux contacts et échanges avec les étrangers, les étudiants. » « Plus de contacts avec les autres. » « Un contact direct avec les autres. » « Contacts humains. » « Le sens des autres. » « Coopération avec les autres. » « Occasion de nombreux contacts et dialogues. » « Me permet de me donner aux autres. » « Découvrir les autres. » « Epanouissement, ouverture aux autres. » « Un essai d'ouverture aux autres. » « Aider les autres ; enrichissement personnel. » « Me sentir d'accord avec ceux qui m'entourent, épanouir ma personnalité. » « Epanouissement de la personnalité, contacts. » « Epanouissements et rencontres. » « Qu'il m'aide à m'ouvrir aux autres. » « Une meilleure compréhension des autres et une formation de moi-même. » « M'enrichir et enrichir les autres. » « Quelque chose à découvrir et à apporter. » « Enrichissement personnel. » « Moyen de me donner. » « Epanouissement personnel par le don. » « M'affirmer et me réaliser, me mettre en pratique, donner de la consistance à un idéal abstrait. » « Enrichissement moral. » « Enrichissement de ceux dont je m'occupe et enrichissement personnel. » « C'est une partie importante de la vie. » « Point de stabilité de ma vie. » « Levier, pivot

---

(1) Cf. Appendice II, tableaux 2. 35 et 2. 36.

de mon travail. » « Quelque chose de sérieux et d'indispensable. » « Un des moyens essentiels de participer à l'exercice de la transcendance humaine. » « Moyen concret d'assumer ses responsabilités. » « Ma place est au service des autres. » « Responsabilité des autres. » « But vers lequel tend l'Humain. » « Justice. Paix. Vertu. Liberté. Amour. »

Bref, parce que leur présent est dominé par l'image d'un avenir qui le dément ou le met en question, les étudiantes ne peuvent accorder une adhésion inconditionnelle aux valeurs de l'intelligentsia et ne parviennent pas aussi complètement que les garçons à se dissimuler l'irréalité de leur présent en déréalisant leur avenir. Et si la docilité scolaire se propose à elles comme le moins mauvais des moyens d'y réussir, c'est peut-être qu'elle constitue une réinterprétation heureuse du modèle traditionnel de la dépendance féminine qui, en ce cas, s'ajuste parfaitement aux attentes d'un enseignement supérieur resté traditionnel (et masculin) dans son esprit (et son personnel enseignant).

Quant aux garçons, leur distance à la rationalité et leur attitude à l'égard des prestiges de la vocation intellectuelle est principalement fonction de leur origine sociale. Nombre de traits semblent indiquer que, pour ce qui est du rapport à l'avenir, les filles sont aux garçons comme les étudiants des basses classes sont aux étudiants issus de milieux privilégiés. Les chances objectivement plus faibles d'avoir une profession et surtout une profession intellectuelle (toujours prises en considération dans la conduite, même quand elles sont refusées dans l'idéologie) interdisent aux filles de se lancer dans le jeu intellectuel avec toute l'ardeur qu'autorise seulement l'oubli sans risque d'un avenir garanti. Contraints à un projet professionnel plus réaliste, les étudiants originaires des basses classes ne peuvent jamais s'abandonner complètement au dilettantisme ou se prendre aux prestiges occasionnels d'études qui restent pour eux avant tout une occasion, qu'il faut saisir, de s'élever dans la hiérarchie sociale. Nécessité faisant loi, ils savent et s'avouent mieux la profession à laquelle ils se préparent et qu'ils se préparent à une profession. Le rapport que les étudiants entretiennent avec leur avenir, c'est-à-dire avec leurs études, étant directement fonction des chances objectives que les individus de leur classe ont d'accéder à l'enseignement supérieur, les étudiants des hautes classes peuvent se contenter de projets vagues puisqu'ils n'ont jamais eu à choisir vraiment de faire ce qu'ils font, chose banale en leur milieu et même en leur famille, alors que les étudiants des basses classes ne peuvent pas ne pas s'interroger sur ce qu'ils font parce qu'ils ont moins de chances d'oublier qu'ils auraient pu ne pas le faire.

Si donc la condition étudiante ne peut tenir son sérieux que de l'avenir professionnel auquel elle prépare, ou mieux, de la prise au sérieux de cette préparation, et s'il est vrai que, pour des raisons différentes et par des moyens très divers, les étudiants et surtout les plus favorisés d'entre eux se dissimulent généralement la vérité objective de leur condition, on comprend qu'ils soient rarement portés à organiser rationnellement leur pratique par référence aux tâches professionnelles qu'ils auront à accomplir et que, entretenant avec leur travail un rapport souvent mystifié, ils n'accordent que peu d'intérêt et peu de prix à l'acquisition des techniques, voire des recettes, qui leur permettraient d'organiser méthodiquement leur apprentissage en vue d'une fin rationnelle, posée de façon explicite et univoque. Par exemple, professeurs et futurs professeurs s'accordent le plus souvent pour mépriser la pédagogie, c'est-à-dire un des savoirs les plus spécifiquement liés à ce qu'ils font et à ce qu'ils auront à faire. De même, tout effort pour réintroduire une discipline « scolaire » dans l'enseignement supérieur est immédiatement perçu par les étudiants et par les professeurs comme attentatoire à la dignité des uns ou comme incompatible avec la maîtrise des autres.

Là encore, étudiants et professeurs communient dans

l'échange d'images prestigieuses : le professeur qui voudrait enseigner les techniques matérielles du travail intellectuel, la manière d'établir une fiche ou de constituer une bibliographie par exemple, abdiquerait son autorité de « maître » pour apparaître aux yeux des étudiants atteints dans leur image d'eux-mêmes comme un maître d'école égaré dans l'enseignement supérieur. Tout étudiant contient un Péguy, celui qui appelait Mauss « boîtes à fiches ». Quant aux techniques intellectuelles, comme l'aptitude à définir les concepts employés ou les principes élémentaires de la rhétorique et de la logique, elles apparaissent aux étudiants, lorsqu'ils en connaissent l'existence, comme des contraintes insupportables ou des auxiliaires indignes, attentatoires à l'image romantique du travail intellectuel comme création libre et inspirée. Tout rapport rationnel avec le futur probable se trouvant rompu, le présent devient le lieu d'un onirisme qui exclut l'idée même de techniques efficaces et de l'efficacité des techniques.

Ce n'est donc pas un hasard si les « techniques » professionnelles les plus fréquemment observées en milieu étudiant participent à peu près toujours de la magie. Sans doute, en encourageant la passivité et la dépendance, la logique du système tend à placer l'étudiant dans une situation qui ne peut être maîtrisée entièrement par des moyens entièrement rationnels : par exemple en dévaluant le rôle des recettes de réussite et en s'ingéniant parfois à dissimuler les techniques matérielles et intellectuelles qui font leur prestige (et parfois tout leur prestige), en omettant ou en évitant de livrer en toute clarté les critères de leur jugement, les maîtres en charisme ne peuvent que renforcer chez les étudiants le sentiment d'impuissance, d'arbitraire ou de prédestination à l'échec. De leur côté, parce qu'il leur plaît mieux et qu'il leur en coûte moins de croire au charisme que de maîtriser laborieusement des techniques, les étudiants se condamnent à une image de la réussite scolaire sur laquelle, en l'absence du don, seule la magie peut agir.

Et, de fait, l'enquête ethnologique découvre que les étudiants opposent à l'angoisse de l'examen tout un corps de « trucs », magiques et techniques à la fois, partie hérité des anciens, partie réinventé par chacun, pour maîtriser, ou mieux, conjurer les mêmes menaces. Dans ce contexte, des procédures en apparence rationnelles deviennent observances aveugles selon la logique du formalisme magique : les révisions fiévreuses des veilles d'examen ne sont pas autre chose bien souvent que rites propitiatoires ; la prise de notes qui ne seront pas relues est une technique de réconfort spirituel plutôt que d'accumulation raisonnée. « Quand on a fini de gratter, on en a marre. On ne revoit plus les cours ; d'ailleurs c'est illisible » (étudiante en lettres, 22 ans, Paris, fille de cadre supérieur). On se transmet comme autant de recettes infaillibles l'art de placer sa copie d'examen après celle d'un cancre reconnu ou de passer au bon moment devant un examinateur. Une floraison de superstitions, dont on ne retrouverait peut-être l'équivalent que chez le paysan traditionnel, soumis aux aléas de la nature, ou dans le monde du jeu, entoure les moments périlleux de la vie universitaire : rites de pronostication par lesquels on s'efforce de prévoir le sujet ou la note, ex-votos propitiatoires ou d'actions de grâce que l'on dépose dans les églises, amulettes ou objets fétiches que l'on apporte avec soi le jour de l'examen, tels sont les moyens les plus répandus de forcer la chance. « Sainte Vierge, merci pour mon examen » ou « je passe mon examen dans une heure, Sainte Vierge, priez pour moi », telles sont les inscriptions que l'on peut voir en la cathédrale de Poitiers, ville universitaire, soit gravées dans le marbre, soit écrites à la main sur d'autres ex-votos. A côté de ceux qui veulent maîtriser le hasard par un rituel extra-quotidien, certains, obéissant au principe de réitération magique, restent fidèles aux comportements qui ont déjà réussi ou aux objets qui, ayant accompagné cette réussite, en ont recueilli le principe, par exemple le costume ou la cravate du dernier examen. Si l'art de « faire des impasses » à bon escient tient une telle place dans les récits d'examens, c'est qu'il constitue la démonstration la plus éclatante du *mana* scolaire, la réussite attestant l'étendue d'un don assez sûr de lui-même pour ne rien attendre du travail.

Entretenant avec son futur un rapport contradictoire, l'étudiant peut unir le mépris affiché à l'égard des moyens rationnels qui permettraient de le maîtriser et l'adhésion honteuse aux recettes et aux trucs, plus magiques que techniques, qui lui permettent d'en exorciser les menaces.

Ainsi la distance est grande entre le modèle de la conduite étudiante ou professorale conforme à la rationalité et la conduite réelle des étudiants et des professeurs. Les étudiants et les professeurs ont peut-être en commun l'intention obscure de sauver les avantages cachés que leur procure le système actuel tout en bénéficiant des avantages manifestes que leur assurerait le système opposé qui est incompatible en tant que tel avec le système présent. De même que les professeurs peuvent déplorer la passivité des étudiants sans voir qu'elle est la rançon de la sécurité qu'ils doivent à un rapport pédagogique dissymétrique, de même certains étudiants peuvent imputer au seul autoritarisme professoral la passivité où ils sont tenus sans apercevoir qu'elle est la contrepartie de toutes les protections et de toutes les libertés que leur assure l'anonymat des amphithéâtres. Professeurs et étudiants peuvent même se rencontrer dans la dénonciation véhémente des obstacles à la rationalisation de l'enseignement ; faute d'appréhender le système en tant que tel, ils ne veulent et ne peuvent pas voir que les satisfactions contradictoires mais simultanément ou alternativement accessibles qu'il leur procure sont nécessairement liées aux tares qu'ils déplorent.

Et, de fait, il n'est ni séduisant ni facile de procéder à une estimation complète des coûts du système actuel. Sans doute, le modèle pur d'un système qui surbordonnerait le choix de ses moyens pédagogiques à une seule fin, à savoir la formation de spécialistes (s'agirait-il de spécialistes du général), n'est jamais qu'une utopie : chargé de produire des valeurs par référence à des valeurs qui ne sont autres que celles de la société pour laquelle il les produit, un système d'éducation réel est toujours investi de fonctions multiples et incommensurables, en sorte qu'on ne peut accorder la prépondérance à telle ou telle sans engager les valeurs ultimes qu'une société, ou mieux, les groupes qui la composent, engagent dans leur représentation de la culture. Il n'est pas indifférent néanmoins que la prééminence soit conférée réellement à l'une ou l'autre des fins, par exemple à la perpétuation d'une élite d'hommes cultivés ou à la préparation diversifiée du plus grand nombre aux tâches professionnelles. Fiction abstraite, résultat de la décision méthodique d'accentuer unilatéralement et au prix d'un passage à la limite irréalisable les traits d'un système qui expliciterait et réaliserait complètement les conditions techniques de l'apprentissage intellectuel, le *type idéal* de l'enseignement « rationnel » fait voir, par comparaison, que les fins diverses que peut servir un système d'éducation sont inégalement éloignées des fins que les différents groupes assignent, explicitement ou non, à l'éducation et, par là, inégalement conformes à leurs intérêts.

La distinction entre les fonctions que remplit un système d'éducation et les moyens par lesquels il s'en acquitte est ici particulièrement nécessaire : en effet, le lien qui s'est établi dans les faits entre les valeurs les plus traditionnelles et la tradition pédagogique de la maîtrise fait oublier que des moyens rationnels pourraient être mis au service des fins les plus éloignées de celles qu'engage l'apprentissage de tâches professionnelles strictement définies. La rationalisation de l'art de transmettre l'adhésion aux valeurs de culture, par exemple dans l'enseignement des lettres ou des disciplines artistiques, n'est pas plus inconcevable, après tout, que la rationalisation de la vie religieuse, au sens où l'entendait Max Weber. En tout cas, si l'on peut débattre des fins de l'éducation la mieux faite pour servir l'intérêt des classes défavorisées, il reste que, en l'état actuel du système et des fins qui l'orientent, la rationalisation des moyens et des institutions pédagogiques est toujours immédiatement conforme à l'intérêt des étudiants les plus défavorisés.

CONCLUSION

Rappelez-vous, Messieurs, ce beau récit de Jean Chrysostome sur son entrée à l'école du rhéteur Libanius, à Antioche. Libanius avait coutume, quand un élève nouveau se présentait à son école, de le questionner sur son passé, sur ses parents, sur son pays.

RENAN, *La Réforme intellectuelle et morale.*

La cécité aux inégalités sociales condamne et autorise à expliquer toutes les inégalités, particulièrement en matière de réussite scolaire, comme inégalités naturelles, inégalités de dons (1). Pareille attitude est dans la logique d'un système qui, reposant sur le postulat de l'égalité formelle de tous les enseignés, condition de son fonctionnement, ne peut reconnaître d'autres inégalités que celles qui tiennent aux dons individuels. Qu'il s'agisse de l'enseignement proprement dit ou de la sélection, le professeur ne connaît que des enseignés égaux en droits et en devoirs : si, au cours de l'année scolaire, il lui arrive d'adapter son enseignement à certains, c'est aux « moins doués » qu'il s'adresse et non aux plus défavorisés par leur origine sociale ; de même si, le jour de l'examen, il prend en compte la situation sociale de tel candidat, ce n'est pas qu'il le perçoive comme membre d'une catégorie sociale défavorisée, c'est au contraire qu'il lui accorde l'intérêt d'exception que mérite un cas social.

_____

(1) Il n'est pas dans notre intention, en soulignant la *fonction idéologique* que remplit dans certaines conditions le recours à l'idée de l'inégalité des dons, de contester l'inégalité naturelle des aptitudes humaines, étant entendu qu'on ne voit pas de raison pour que les hasards de la génétique ne distribuent pas également ces dons inégaux entre les différentes classes sociales. Mais cette évidence est abstraite et la recherche sociologique se doit de suspecter et de déceler méthodiquement l'inégalité culturelle socialement conditionnée sous les inégalités naturelles apparentes puisqu'elle ne doit conclure à la « nature » qu'en désespoir de cause. Il y a donc jamais lieu d'être certain du caractère naturel des inégalités que l'on constate entre les hommes dans une situation sociale donnée et, en la matière, tant qu'on n'a pas exploré toutes les voies par où agissent les facteurs sociaux d'inégalité et qu'on n'a pas épuisé tous les moyens pédagogiques d'en surmonter l'efficacité, il vaut mieux douter trop que trop peu.

L'exorcisme verbal permet de conjurer l'idée même d'une liaison entre la culture des étudiants et leur origine sociale lorsqu'elle s'impose sous la forme de lacunes grossières. Dire sur le ton de la déploration résignée que « les étudiants ne lisent plus » ou que « le niveau baisse d'année en année », c'est en effet éviter de se demander pourquoi il en est ainsi et d'en tirer les conséquences pédagogiques.

On comprend que ce système trouve son accomplissement dans le concours, qui assure parfaitement l'égalité formelle des candidats mais qui exclut par l'anonymat la prise en considération des inégalités réelles devant la culture. Les défenseurs de l'agrégation peuvent légitimement arguer que, par opposition à un système de sélection fondé sur la qualité statutaire et la naissance, le concours donne à tous des chances égales. C'est oublier que l'égalité formelle qu'assure le concours ne fait que transformer le privilège en mérite puisqu'il permet à l'action de l'origine sociale de continuer à s'exercer, mais par des voies plus secrètes.

Mais pourrait-il en être autrement ? Le système d'éducation doit, entre autres fonctions, produire des sujets sélectionnés et hiérarchisés une fois pour toutes et pour toute la vie. Vouloir, dans cette logique, prendre en compte les privilèges ou les désavantages sociaux et prétendre hiérarchiser les sujets selon leur mérite réel, c'est-à-dire selon les obstacles surmontés, ce serait se condamner, si l'on allait jusqu'au bout de la logique, *c'est-à-dire jusqu'à l'absurde,* soit à la compétition par catégories (comme en boxe), soit, comme pour l'estimation des mérites dans l'éthique kantienne, à l'évaluation des différences algébriques entre le point de départ, c'est-à-dire les aptitudes socialement conditionnées, et l'aboutissement, c'est-à-dire la réussite scolairement mesurée, bref, au classement par handicap. De même que Kant attribue des mérites inégaux à deux actions équivalentes en elles-mêmes selon qu'elles sont le fait de « tempéraments » plus ou moins inclinés à ces actions, de même, il faudrait ici, substituant la considération de l'aptitude socialement conditionnée à celle de l'inclination naturelle, examiner non pas le degré de réussite ponctuellement appréhendé, mais son rapport au point de départ, plus ou moins haut situé, non le point mais la pente de la courbe (1). Dans cette logique, l'estimation du désavantage des sujets originaires des classes défavorisées et l'évaluation de degrés de mérite proportionnés à l'importance du handicap surmonté conduiraient — si tant est qu'elles soient possibles — à tenir pour égaux les auteurs de performances inégales et pour inégaux les auteurs de performances identiques, relativisant la hiérarchie établie selon le critère scolaire et réduisant à rien l'avantage que les sujets défavorisés, ainsi *artificiellement* favorisés, tireraient de cette relativisation démagogique de la hiérarchie. Pareille hypothèse n'est pas complètement utopique. La politique scolaire des démocraties populaires a pu tendre à favoriser systématiquement l'entrée dans l'enseignement supérieur et la réussite aux examens des fils d'ouvriers et de paysans. Mais l'effort d'égalisation reste formel tant que les inégalités ne sont pas effectivement abolies par une action pédagogique : ainsi, en Pologne, après avoir augmenté jusqu'en 1957, le taux d'étudiants originaires des milieux ruraux et ouvriers a commencé à diminuer dès que la pression administrative s'est relâchée (2).

Si la considération des handicaps sociaux n'est pas moins étrangère à ceux qui ont pour tâche de sélectionner qu'à ceux qui sont sélectionnés, c'est peut-être que, pour produire des sujets sélectionnés et sélectionnables, l'Université doit obtenir, donc produire, l'adhésion indiscutée à un principe de sélection que l'introduction de principes concurrents relativiserait. Elle exige de ceux qui entrent dans le jeu qu'ils admettent les règles d'une com-

---

(1) Ce n'est pas un hasard si lorsque l'on entreprend de contester l'idéologie des dons naturels on rencontre la logique par laquelle l'éthique kantienne du mérite s'opposait à la morale antique des vertus innées, apanage des hommes bien nés.
(2) Cf. Appendice II, tableau n° 2. 39.

pétition où ne sauraient intervenir d'autres critères que scolaires. Et elle semble y réussir, en France tout particulièrement, puisque c'est l'aspiration à se situer aussi haut que possible dans la hiérarchie universitaire, tenue pour absolue, qui suscite les efforts scolaires les plus soutenus et les plus efficaces. L'adhésion aux valeurs engagées dans la hiérarchie scolaire des performances est si forte que l'on peut voir les sujets se porter, indépendamment des aspirations ou des aptitudes individuelles, vers les carrières ou les épreuves les plus hautement valorisées par l'Ecole ; c'est là un des facteurs de l'attraction, souvent inexplicable autrement, qu'exercent l'agrégation et les grandes écoles et, plus généralement, les études abstraites auxquelles s'attache un plus grand prestige. C'est peut-être le même principe qui incline les universitaires et, plus généralement, les intellectuels français à accorder le plus haut prix aux œuvres où l'ambition théorique est la plus manifeste. Ainsi se trouve exclue (au moins aux yeux des universitaires) l'idée d'une hiérarchie parallèle qui relativiserait la hiérarchie des réussites scolaires, en permettant à ceux qui sont au plus bas de se trouver des excuses ou de dévaloriser le succès des autres.

Bref, bien qu'il contredise la justice réelle en soumettant aux mêmes épreuves et aux mêmes critères des sujets fondamentalement inégaux, le procédé de sélection qui ne prend en compte que les performances mesurées au critère scolaire, toutes choses égales d'ailleurs, est le seul qui convienne à un système dont la fonction est de produire des sujets sélectionnés et comparables. Mais rien dans la logique du système ne s'oppose à ce que l'on introduise la considération des inégalités réelles *dans l'enseignement proprement dit.*

Les classes privilégiées trouvent dans l'idéologie que l'on pourrait appeler charismatique (puisqu'elle valorise la « grâce » ou le « don ») une légitimation de leurs privilèges culturels qui sont ainsi transmués d'héritage social en grâce individuelle ou en mérite personnel. Ainsi masqué, le « racisme de classe » peut s'afficher sans jamais s'apparaître. Cette alchimie réussit d'autant mieux que, loin de lui opposer une autre image de la réussite scolaire, les classes populaires reprennent à leur compte l'essentialisme des hautes classes et vivent leur désavantage comme destin personnel. Ne s'accorde-t-on pas pour reconnaître dans la précocité un redoublement du don ? C'est un fait banal, mais chargé d'implications éthiques, que l'étonnement admiratif dont on gratifie le bachelier de quinze ans, « le plus jeune agrégé » ou « le plus jeune polytechnicien de France ». Les innombrables étapes du *cursus honorum* permettent d'ailleurs à certains le prodige d'une éternelle précocité, puisqu'on peut être encore le plus jeune académicien. C'est même dans les classes les plus défavorisées où, traditionnellement, l'hérédité sociale des aptitudes est fortement perçue — qu'il s'agisse des tours de mains artisanaux ou de l'habileté en affaires — que l'on trouve parfois l'expression la plus paradoxale de l'idéologie charismatique : on voit souvent invoquer l'interruption des études pour sauver, en l'absence de toute réussite, la virtualité du don individuel, selon la logique même par laquelle les hautes classes peuvent s'attester le don actualisé dans la réussite.

Les étudiants sont d'autant plus vulnérables à l'essentialisme que, adolescents et apprentis, ils sont toujours à la recherche de ce qu'ils sont, et par là, profondément concernés dans leur être par ce qu'ils font. Quant aux professeurs qui incarnent la réussite scolaire et qui sont tenus au jugement continu sur les aptitudes des autres, il y va de leur morale et de leur moral professionnels qu'ils tiennent pour dons personnels les aptitudes qu'ils ont plus ou moins laborieusement acquises et qu'ils imputent à l'être des autres les aptitudes acquises et l'aptitude à acquérir des aptitudes ; et cela d'autant plus qu'ils trouvent dans le système scolaire tous les moyens de s'épargner le retour réflexif sur eux-mêmes qui les conduirait à se mettre en question aussi bien comme personnes que comme membres de la classe cultivée. Souvent originaires de la classe moyenne ou issus de familles d'enseignants, ils sont d'autant plus attachés à l'idéologie charismatique, bien faite pour justifier l'arbitraire du privilège culturel, que c'est seulement en tant que membres de la classe intellectuelle qu'ils participent, partiellement, des privilèges de la bourgeoisie. Si l'agrégation suscite des défenseurs aussi pugnaces, c'est peut-être qu'elle est un de ces privilèges qui peuvent apparaître comme liés exclusivement au mérite personnel et garantis par une procédure aussi démocratique que possible (formellement).

Rien ne vient donc contredire l'idéologie implicite de l'Université et de la réussite universitaire, envers pur d'une éthique kantienne du mérite : toute la valeur s'incarne dans l'enfant prodige, la brièveté du parcours scolaire témoignant de l'étendue du don. Et lorsqu'il apparaît, le projet de relativiser la hiérarchie scolaire des réussites s'arme paradoxalement de la dévalorisation de l'effort : les surnoms péjoratifs, « polar », « pohu », « chiadeur », se réfèrent à une idéologie charismatique qui n'oppose les œuvres à la grâce que pour les dévaloriser au nom de la grâce.

On comprend mieux pourquoi la simple description des différences sociales et des inégalités scolaires qu'elles fondent n'est pas de simple routine et constitue par soi une mise en question du principe sur lequel repose le système actuel. Le dévoilement du privilège culturel anéantit l'idéologie apologétique qui permet aux classes privilégiées, principales utilisatrices du système d'enseignement, de voir dans leur réussite la confirmation de dons naturels et personnels : l'idéologie du don reposant avant tout sur la cécité aux inégalités sociales devant l'Ecole et la culture, la simple description de la relation entre le succès universitaire et l'origine sociale a une vertu critique. Parce que tout les incline à juger leurs propres résultats par référence à l'idéologie charismatique, les étudiants des basses classes tiennent ce qu'ils font pour un simple produit de ce qu'ils sont et le pressentiment obscur de leur destin social ne fait que renforcer les chances de l'échec, selon la logique de la prophétie qui contribue à son propre accomplissement. L'essentialisme implicitement enfermé dans l'idéologie charismatique vient donc redoubler l'action des déterminismes sociaux : du fait qu'il n'est pas perçu comme lié à une certaine situation sociale, par exemple à l'atmosphère intellectuelle du milieu familial, à la structure de la langue que l'on y parle, ou à l'attitude à l'égard de l'Ecole et de la culture qu'il encourage, l'échec scolaire est naturellement imputé au défaut de dons. Ce sont en effet les enfants originaires des basses classes qui sont les victimes désignées et consentantes de ces définitions d'essence dans lesquelles les enseignants maladroits (et peu enclins, on l'a vu, à la relativisation sociologique de leurs jugements) enferment les individus. Quand une mère d'élève dit de son fils, et souvent devant lui, qu'« il n'est pas bon en français », elle se fait complice de trois ordres d'influences défavorables : en premier lieu, ignorant que les résultats de son fils sont directement fonction de l'atmosphère culturelle de la famille, elle transforme en destin individuel ce qui n'est que le produit d'une éducation et qui peut encore être corrigé, au moins partiellement, par une action éducative ; en second lieu, faute d'information sur les cnoses de l'Ecole, faute parfois d'avoir rien à opposer à l'autorité des maîtres, elle tire d'un simple résultat scolaire des conclusions prématurées et définitives ; enfin, en donnant sa sanction à ce type de jugement, elle renforce l'enfant dans le sentiment d'être tel ou tel par nature. Ainsi, l'autorité légitimatrice de l'Ecole peut redoubler les inégalités sociales parce que les classes les plus défavorisées, trop conscientes de leur destin et trop inconscientes des voies par lesquelles il se réalise, contribuent par là à sa réalisation.

Parce qu'elle reste toujours partielle et lacunaire, la

perception des inégalités devant l'Ecole conduit parfois les étudiants à des revendications diffuses qui ne sont que le reflet inversé de la casuistique par laquelle les professeurs introduisent dans leur jugement, lors de l'examen, la situation de maître d'internat de l'un, de pupille de la nation d'un autre ou de poliomyélitique d'un troisième. L'entorse au système sert ici la logique du système, le misérabilisme répondant au paternalisme. Ayant ignoré les handicaps sociaux en cours d'apprentissage (c'est-à-dire lorsqu'on pouvait encore quelque chose), on ne répugne pas à les découvrir le jour de l'examen (mais seulement sous forme de « cas ») parce qu'on ne s'oblige à rien d'autre qu'à la générosité. Bref, chez les étudiants comme chez les professeurs, la tentation première pourrait être d'utiliser l'invocation du handicap social comme alibi ou excuse, c'est-à-dire comme raison suffisante d'abdiquer les exigences formelles du système d'enseignement. Autre forme de la même abdication, mais plus dangereuse parce qu'elle peut s'armer d'une apparence de logique et se parer des apparences du relativisme sociologique, l'illusion populiste pourrait conduire à revendiquer la promotion à l'ordre de la culture enseignée par l'Ecole des cultures parallèles portées par les classes les plus défavorisées. Mais ce n'est pas assez de constater que la culture scolaire est une culture de classe, c'est tout faire pour qu'elle reste telle que d'agir comme si elle n'était que cela.

Il est indiscutable que certaines des aptitudes qu'exige l'Ecole, comme l'habileté à parler ou à écrire et la multiplicité même des aptitudes, définissent et définiront toujours la culture savante. Mais le professeur de lettres n'est en droit d'attendre la virtuosité verbale et rhétorique qui lui apparaît, non sans raison, comme associée au contenu même de la culture qu'il transmet, qu'à la condition qu'il tienne cette vertu pour ce qu'elle est, c'est-à-dire une aptitude susceptible d'être acquise par l'exercice et qu'il s'impose de fournir à tous les moyens de l'acquérir.

En l'état actuel de la société et des traditions pédagogiques, la transmission des techniques et des habitudes de pensée exigées par l'Ecole revient primordialement au milieu familial. Toute démocratisation réelle suppose donc qu'on les enseigne là où les plus défavorisés peuvent les acquérir, c'est-à-dire à l'Ecole ; que l'on élargisse le domaine de ce qui peut être rationnellement et techniquement acquis par un apprentissage méthodique aux dépens de ce qui est abandonné irréductiblement au hasard des talents individuels, c'est-à-dire en fait, à la logique des privilèges sociaux ; que l'on monnaye sous forme d'apprentissages méthodiques les dons totaux et infrangibles de l'idéologie charismatique. L'intérêt pédagogique des étudiants originaires des classes les plus défavorisées, qui ne s'exprime aujourd'hui que dans le langage des conduites semi-conscientes, inconscientes ou honteuses, serait d'exiger des maîtres qu'ils « vendent la mèche » au lieu de mettre en scène une prouesse exemplaire et inimitable, propre à faire oublier (en l'oubliant) que la grâce n'est qu'une acquisition laborieuse ou un héritage social, au lieu de se tenir quitte une fois pour toutes et pour toute l'année envers la pédagogie en livrant des recettes dévalorisées par leurs fins étroitement utilitaires (les fameuses recettes pour la dissertation) ou dévaluées par l'ironie qu'il y a à les transmettre en les accompagnant d'illustrations magistrales irréductibles à leur efficacité. Il serait trop facile d'apporter d'autres exemples de cette mauvaise foi qui transforme la transmission des techniques en rituel à la gloire du charisme professoral, qu'il s'agisse des bibliographies terrifiantes et fascinantes, des exhortations à la lecture, à l'écriture ou à la recherche qui sont autant de dérisions, ou enfin, du cours magistral qui risque de rassembler, parce qu'il ne peut s'adresser qu'à des étudiants formellement et fictivement égaux, tous les faux-semblants pédagogiques. Mais la pédagogie rationnelle est à inventer et ne saurait en rien être confondue avec les pédagogies actuellement connues qui, n'ayant d'autres fondements que psychologiques, servent en fait un système qui ignore et veut ignorer les différences sociales. Rien n'est donc plus éloigné de notre pensée que d'en appeler à la pédagogie dite scientifique qui, accroissant en apparence la rationalité (formelle) de l'enseignement, permettrait aux inégalités réelles de peser aussi fortement que jamais, avec plus de justifications que jamais. Une pédagogie réellement rationnelle devrait se fonder sur l'analyse des coûts relatifs des différentes formes d'enseignement (cours, travaux pratiques, séminaires, groupes de travail) et des divers types d'action pédagogique du professeur (depuis le simple conseil technique jusqu'à la direction effective des travaux d'étudiants) ; elle devrait prendre en compte le contenu de l'enseignement ou les fins professionnelles de la formation, et, envisageant les divers types de rapports pédagogiques, elle ne devrait pas oublier leur rendement différentiel selon l'origine sociale des étudiants. En toute hypothèse, elle est subordonnée à la connaissance que l'on se donnera de l'inégalité culturelle socialement conditionnée et à la décision de la réduire.

Par exemple, de toutes les fonctions professorales, la plus régulièrement oubliée, tant de certains professeurs qui ne se soucient guère de ce surcroît de labeur sans charme et sans prestige que de certains étudiants qui y verraient sans doute un renforcement de l'asservissement où ils se sentent tenus, est sans doute l'organisation continue de l'exercice comme activité orientée vers l'acquisition aussi complète et aussi rapide que possible des techniques matérielles et intellectuelles du travail intellectuel. Tacitement complices, professeurs et étudiants s'accordent souvent pour définir au moindre coût les tâches que l'on est en droit d'attendre des enseignants et des enseignés. Reconnaître la liberté de l'étudiant et feindre de voir en lui, tout au long de l'année, un travailleur libre, ou mieux, autonome, c'est-à-dire capable de s'imposer à lui-même une discipline, d'organiser son travail et de s'obliger à un effort suivi et méthodique, c'est le prix que doit payer le professeur pour se voir renvoyer par l'étudiant ainsi défini l'image qu'il entend donner et avoir de lui-même comme maître à penser et non comme pédagogue ou pédant de collège, comme enseignant de qualité pour enseignés de qualité. Exiger la présence au cours ou la remise ponctuelle des devoirs, ce serait anéantir à la fois le professeur et l'étudiant tels qu'ils se voient et se veulent, tels qu'ils se voient et se veulent l'un l'autre.

Parce que l'étudiant ne peut pas ne pas ressentir les exigences de tout apprentissage (à savoir le travail régulier ou la discipline des exercices), il fait alterner l'aspiration à un encadrement plus étroit et à une « re-scolarisation » de la vie étudiante avec l'image idéale et prestigieuse du travail noble et libre, affranchi de tout contrôle et de toute discipline. Et l'on trouverait dans les attentes des professeurs les mêmes alternances et la même ambivalence. Ainsi, il n'est pas rare que le professeur qui propose tout au long de l'année l'image de la prouesse et de la virtuosité juge les travaux de ses étudiants au nom de critères tout à fait différents de ceux qu'il semblait suggérer dans son enseignement, témoignant par là qu'il ne saurait mesurer au même étalon ses propres œuvres et celles de ses étudiants. Plus généralement, en l'absence d'une explicitation méthodique des principes et de toute préoccupation docimologique, les jugements professoraux s'inspirent de critères particuliers, variables selon les professeurs et, comme dans la « justice de cadi », restent directement liés au cas particulier. On comprend que les étudiants soient communément condamnés à déchiffrer les augures et à percer les secrets des dieux, avec toutes les chances de se tromper. On voit qu'il n'est pas besoin de prendre expressément en compte le handicap social des candidats pour rationaliser l'examen et travailler par là à la rationalisation de l'attitude à l'égard de l'examen, asile privilégié de l'irrationalité. En effet, les étudiants des classes cultivées sont les mieux (ou les moins mal) préparés à s'adapter à un système d'exigences diffuses et implicites puisqu'ils détiennent, implicitement, le moyen d'y satisfaire. Par exemple, en raison de l'affinité évidente entre la culture scolaire et la culture de la classe cultivée, les étudiants originaires de cette classe peuvent manifester, dans cette rencontre personnelle qu'est l'oral, ces qualités impondérables qui n'ont pas besoin d'être perçues par le professeur pour entrer dans le jugement professoral. Les « petites perceptions » de classe sont d'autant plus insidieuses que la perception consciente et explicite des origines sociales aurait quelque chose de scandaleux.

Ainsi, chaque progrès dans le sens de la rationalité réelle, qu'il s'agisse de l'explicitation des exigences réciproques des enseignants et des enseignés, ou encore de l'organisation des études la mieux faite pour permettre aux étudiants des classes défavorisées de surmonter leurs désavantages, serait un progrès dans le sens de l'équité : les étudiants originaires des basses classes, qui sont les premiers à pâtir de tous les vestiges charismatiques et traditionnels et qui sont plus que les autres enclins à tout attendre et à tout exiger de l'enseignement, bénéficieraient les premiers d'un effort pour livrer à tous cet ensemble de « dons » sociaux qui constituent la réalité du privilège culturel.

Si l'on accorde que l'enseignement réellement démocratique est celui qui se donne pour fin inconditionnelle de permettre au *plus grand nombre possible d'individus de s'emparer dans le moins de temps possible, le plus complètement et le plus parfaitement possible, du plus grand nombre possible des aptitudes qui font la culture scolaire à un moment donné,* on voit qu'il s'oppose aussi bien à l'enseignement traditionnel orienté vers la formation et la sélection d'une élite de gens bien nés qu'à l'enseignement technocratique tourné vers la production en série de spécialistes sur mesure. Mais il ne suffit pas de se donner pour fin la démocratisation réelle de l'enseignement. En l'absence d'une pédagogie rationnelle mettant tout en œuvre pour neutraliser méthodiquement et continûment, de l'Ecole maternelle à l'Université, l'action des facteurs sociaux d'inégalité culturelle, la volonté politique de donner à tous des chances égales devant l'enseignement ne peut venir à bout des inégalités réelles, lors même qu'elle s'arme de tous les moyens institutionnels et économiques ; et, réciproquement, une pédagogie réellement rationnelle, c'est-à-dire fondée sur une sociologie des inégalités culturelles, contribuerait sans doute à réduire les inégalités devant l'Ecole et la culture, mais elle ne pourrait entrer réellement dans les faits que si se trouvaient données toutes les conditions d'une démocratisation réelle du recrutement des maîtres et des élèves, à commencer par l'instauration d'une pédagogie rationnelle.

Septembre 1964.

APPENDICES

appendice 1
les étudiants en France
données statistiques 1960-1963*

* Cette documentation a été établie au Centre de sociologie européenne à partir de données détenues par l'I.N.S.E.E. et le B.U.S.

UNIVERSITÉS / ANNÉES	AIX MARSEILLE	BESANÇON	BORDEAUX	CAEN	CLERMONT	DIJON	GRENOBLE	LILLE
1900-01 ...	950	252	2 119	803	299	669	566	1 2(
1910-11 ...	1 264	239	2 620	794	278	1 043	1 272	1 8!
1915-16 ...	482	80	948	291	135	240	587	(
1920-21 ...	1 596	266	2 640	1 055	467	744	2 737	1 4'
1925-26 ...	1 971	458	3 000	1 180	621	1 015	2 931	2 4!
1930-31 ...	2 988	571	4 254	1 828	1 077	1 397	3 197	3 7!
1935-36 ...	3 169	451	3 932	1 317	1 025	1 047	2 180	3 2!
1940-41 ...	5 550	388	3 657	1 832	2 014	864	3 560	2 4'
1945-46 ...	5 496	745	6 242	2 624	2 007	1 172	3 954	6 2!
1950-51 ...	7 556	933	8 147	3 083	2 108	1 820	4 199	6 3!
1955-56 ...	9 679	1 157	9 511	3 826	2 758	2 426	4 685	7 4(
1960-61 (1)	15 486	2 217	12 267	6 357	4 731	3 706	10 007	11 5(
1961-62 ...	19 020	2 889	13 805	7 395	5 556	4 578	10 471	13 1(
1962-63 (2)	22 160	3 361	16 440	8 478	6 028	5 254	12 951	14 6!
De 1901 à 1963 le nombre des étudiants a été multiplié par	23	13	8	11	20	8	23	12

(1) A partir de 1960-61, les effectifs comprennent tous les étudiants universités, c'est-à-dire les inscrits en faculté plus les non-inscrits qui ap feront apparaître des effectifs quelque peu supérieurs à ceux qui sont e

(2) Pour 1962-63, les résultats sont provisoires ; les résultats défir tiennent à des établissements rattachés soit aux universités soit aux facu gistrés ici.

étudiants par universités.

Lyon	Montpellier	Nancy	Paris	Poitiers	Rennes	Strasbourg	Toulouse	Total
2 458	1 610	1 027	12 381	1 028	1 609	—	2 040	**29 020**
3 091	2 028	1 886	17 326	1 314	1 995	—	2 864	**39 907**
881	654	356	5 522	428	651	—	825	**12 144**
3 409	2 615	2 002	21 232	1 238	1 946	—	2 680	**48 517**
3 575	2 428	2 554	25 123	1 578	1 929	2 889	3 171	**56 843**
4 965	3 810	4 287	31 886	2 107	2 850	3 255	4 370	**76 590**
4 998	3 126	3 105	32 577	1 969	2 647	2 760	4 016	**71 250**
6 695	4 900	1 158	23 352	2 626	4 207	2 543	6 894	**72 715**
6 958	5 091	3 894	53 427	3 118	5 032	4 520	7 665	**118 170**
7 865	5 685	4 602	58 958	4 127	6 343	5 069	7 531	**134 408**
9 258	7 054	5 231	64 151	4 546	7 161	5 343	8 054	**152 246**
13 315	10 509	8 294	77 796	6 843	11 092	8 479	12 070	**214 672**
15 351	13 361	8 682	81 617	6 310	9 253	11 686	14 592	**244 814** (3)
17 230	15 802	9 830	90 354	7 412	9 323	12 444	16 752	**276 848** (3)
7	10	9	7	7	6	—	8	9

(3) En 1961-1962 et 62-63, le total comprend aussi les étudiants des
versités de Nantes, Orléans et Reims, soit 7 147 en 61-62 et 8 417 en 62-63.

1.2. *L'évolution du nombre des étudiantes à Paris et en province*

ANNÉES UNIVERSITAIRES	PARIS			PROVINCE			ENSEMBLE		
	TOTAL	FILLES	% F	TOTAL	FILLES	% F	TOTAL	FILLES	% F
1905-06	14 734	1 231	8,3	18 582	657	3,5	33 316	1 988	9,6
1910-11	17 326	2 121	12,2	23 864	1 833	7,7	41 190	3 954	14,7
1915-16	5 522	1 447	26,2	7 044	1 761	25,0	12 566	3 208	25,8
1920-21	21 232	3 200	15,1	28 195	4 100	14,5	49 727	7 300	6,0
1925-26	25 123	5 445	21,7	33 119	6 787	20,5	58 242	12 232	25,5
1930-31	31 886	8 487	26,6	46 438	11 701	25,2	78 324	20 188	21
1935-36	32 577	9 251	28,4	41 201	11 030	26,8	73 778	20 281	27,5
1940-41	23 352	9 020	38,6	49 963	15 811	32	72 715	24 831	34,1
1945-46	53 427	18 357	34,3	67 488	20 268	31,4	117 915	38 625	32,7
1950-51	58 958	20 227	35,3	75 135	25 384	33,8	134 093	43 611	34
1955-56	64 151	23 638	36,8	88 095	31 752	36,5	152 246	55 390	36,4
1960-61	72 449	31 028	42,8	130 926	52 540	40,1	203 375	83 568	41,1
1961-62	76 707	32 882	42,9	155 903	63 932	41	232 610	96 814	41,6

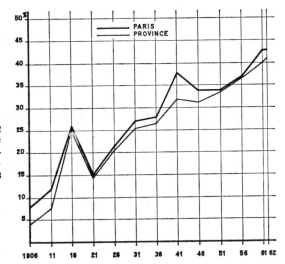

L'évolution du pourcentage des étudiantes à Paris et en province de 1906 à 1962.

La part des étudiantes dans l'ensemble de la population universitaire est passée de 6 % en 1906 à 41,6 % en 1962. Si l'on fait abstraction des pointes dues aux deux guerres, cette progression est régulière.

En 1906, les étudiantes étaient proportionnellement deux fois plus nombreuses à Paris qu'en province, mais cet écart est devenu insignifiant dès 1916 et, depuis lors, à quelques irrégularités près dont la plus importante coïncide avec la guerre de 1939-45, la féminisation des universités a, en gros, progressé à la même allure à Paris et en province. Le léger décalage (constant tout au long de la progression) en faveur des étudiantes de Paris, pourrait indiquer que la résistance à l'abandon des modèles traditionnels est plus forte en province. Le phénomène est surtout perceptible dans la toute première phase de l'accession des étudiantes à l'Université, c'est-à-dire avant 1911. En 1962, les étudiantes représentent 43 % de la population totale à Paris et 41 % en province.

Contrairement à l'impression que suscite la croissance du nombre d'étudiants parisiens (pour un équipement resté à peu près identique), la part de Paris dans l'ensemble de la population étudiante a très peu varié de 1900 à 1955 soit de 42,7 % en 1900-1901 à 43,9 % en 1950-51 (mise à part une forte diminution due à la guerre et à l'occupation) puis a régulièrement décru de 42,1 % en 1955-56 à 32,5 % en 1962-63 (en passant par 39,2 % en 1957-58, 37,9 % en 1958-59, 35,9 % en 1959-60, 35,6 % en 1960-61 et 33,0 % en 1961-62).

123

1.3. *L'évolution du nombre d'étudiants par discipline*

ANNÉES	DROIT		SCIENCES		LETTRES		MEDECINE		PHARMACIE		ENSEMBLE	
	TOTAL	FILLES	TOTAL	FILLES	TOTAL	FILLES	TOTAL	FILLES	TOTAL	FILLES	TOTAL	FILLES
1900-01	10 152	16	3 910	98	3 723	243	8 627	508	3 347	77	29 759	942
1905-06	14 312	86	5 592	305	4 893	1 088	6 545	454	1 974	55	33 316	1 988
1910-11	17 292	150	6 096	453	6 237	2 149	9 933	1 148	1 632	54	41 190	3 954
1915-16	3 503	130	2 727	735	2 417	1 412	3 263	765	656	166	12 566	3 208
1920-21	17 376	861	10 918	1 326	7 892	3 182	11 366	1 417	2 197	511	49 727	7 297
1925-26	17 415	1 507	12 596	1 638	12 244	5 750	12 286	2 158	3 701	1 179	58 242	12 232
1930-31	20 871	2 576	15 495	3 110	18 386	9 106	18 086	3 387	5 486	2 009	78 324	20 188
1935-36	21 568	3 131	11 329	2 578	17 221	8 247	17 699	3 829	5 654	2 490	73 471	20 275
1940-41 (1) .	21 541	4 385	15 158	4 308	19 702	10 650	13 691	3 230	6 293	3 324	76 385	25 897
1945-46	40 553	9 318	21 947	5 853	27 778	15 021	19 586	4 172	8 051	4 261	117 915	38 625
1950-51	36 888	9 669	26 156	6 489	35 156	19 232	29 083	6 508	6 810	3 713	134 093	45 611
1955-56	35 486	10 113	38 290	10 525	41 785	23 877	29 091	6 660	7 594	4 199	152 246	55 374
1960-61	33 634	9 792	68 062	21 928	63 395	38 962	30 587	7 724	8 697	5 162	203 375	83 568
1961-62	38 469	11 275	75 282	24 196	73 376	46 490	36 203	9 289	9 300	5 564	232 610	96 814
1962-63	45 511	12 939	88 175	*	85 063	*	37 633	10 194	10 174	6 081	266 556	*

* Données non disponibles.
(1) Jusqu'en 1940-41 inclus les effectifs comprennent les étudiants de l'Université d'Alger.

La croissance globale des effectifs qui, passant de 29 759 en 1900-01 à 266 556 en 1962-63, ont été multipliés par neuf, affecte inégalement les différentes facultés. Le nombre d'étudiants dans les facultés de pharmacie passant de 3 347 en 1901 à 10 174 en 1962-63 a été multiplié par trois. Dans le même temps, le nombre des étudiants en droit, passant de 10 152 à 45 511, a été multiplié par quatre, de même que le nombre des étudiants en médecine (soit 37 633 contre 8 627). L'évolution des effectifs est cependant plus irrégulière en droit qu'en médecine. Les effectifs ont connu une évolution parallèle en sciences et en lettres malgré quelques irrégularités. En effet, ces deux disciplines ont vu leurs effectifs se multiplier par 23 entre 1901 et 1963, les étudiants en sciences passant de 3 910 à 88 175 et les étudiants en lettres de 3 723 à 85 063. Depuis 1956, les deux courbes tendent même à se confondre. Si le décrochage du droit et de la médecine s'explique aisément par le fait que les débouchés ne se sont que peu développés, le fait que les lettres continuent à s'accroître autant que les sciences doit être partiellement imputé à l'inertie culturelle.

C'est après 1945 que les effectifs, très voisins dans les différentes facultés et relativement stables (surtout entre 1921 et 1941), connaissent un accroissement global, très inégalement réparti selon les facultés. Le taux d'accroissement de la population n'a cessé de s'élever depuis 1946, les effectifs étant multipliés par trois dans cette période. Comme l'observe M. Raymond Aron (1), l'accroissement de la demande sociale d'éducation a précédé de plusieurs années dans l'ensemble de l'Europe occidentale l'accélération de la croissance économique, dont les répercussions sur le niveau de vie n'ont été perceptibles qu'après 1950. (Voir le graphique de la page suivante.)

---

(1) Raymond Aron, « Sur quelques problèmes des universités françaises » in *Archives européennes de sociologie*, n° 1, 1962.

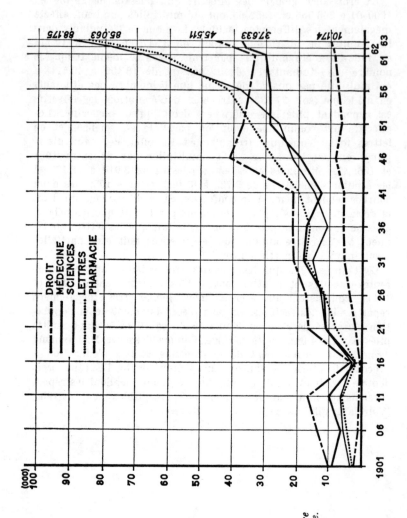

*L'évolution du nombre
d'étudiants par discipline.*

1.4. *L'évolution de la répartition des étudiants par discipline*
(en valeur relative)

ANNÉES	REPARTITION SUR 100 ETUDIANTS					TOTAL
	DROIT	SCIENCES	LETTRES	MÉDECINE	PHARMACIE	
1900-01	33,9	13,2	12,6	28,9	11,4	100
1905-06	42,9	16,8	14,7	19,6	6	100
1910-11	41,8	14,8	15,2	24,1	4,1	100
1915-16	27,9	21,7	19,2	26	5,2	100
1920-21	34,9	21,9	15,9	22,8	4,5	100
1925-26	29,9	21,6	21	21,1	6,4	100
1930-31	26,6	19,8	23,5	23,1	7	100
1935-36	29,4	15,4	23,4	24,1	7,7	100
1940-41	28,2	19,9	25,8	17,9	8,2	100
1945-46	34,4	18,6	23,6	16,6	6,8	100
1950-51	27,5	19,5	26,2	21,7	5,1	100
1955-56	23,3	25,2	27,5	19,2	5,0	100
1960-61	16,5	33,5	30,7	15	4,3	100
1961-62	16,5	32,4	31,5	15,6	4,0	100
1962-63	17,1	33,1	31,9	14,1	3,8	100

L'examen des parts relatives des différentes facultés fait apparaître un renversement que les chiffres absolus (en augmentation pour toutes les disciplines) ne révèlent pas aussi clairement. Les étudiants des facultés de lettres et de sciences représentent aujourd'hui 65 % de la population étudiante, alors qu'ils n'en constituaient que le quart au début du siècle. Dans le même temps, les facultés de droit et de médecine connaissaient une évolution symétrique et inverse, la part de la pharmacie décroissant légèrement. (Voir les graphiques de la page suivante.)

*L'évolution de la répartition des étudiants
par discipline*

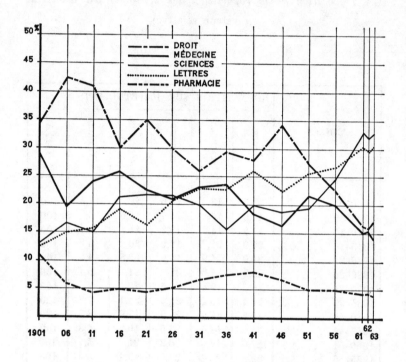

Par-delà les fluctuations sur le court terme, on notera qu'à
l'échelle du demi-siècle la structure du milieu étudiant a radicalement changé, comme le montre le schéma ci-dessous :

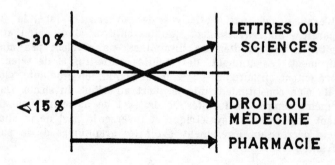

128

1.5. *L'évolution par discipline du pourcentage d'étudiantes*

	DROIT	SCIENCES	LETTRES	MÉDECINE	PHARMACIE	TOUTES DISCIPLINES
1900-01	0,1	2,5	6,5	5,9	2,3	**3,2**
1905-06	0,6	5,4	22,2	6,9	2,8	**6,0**
1910-11	0,9	7,4	34,4	11,5	3,3	**9,6**
1915-16	3,7	26,9	58,4	23,4	25,3	**25,5**
1920-21	4,9	12,1	40,3	12,5	23,2	**14,7**
1925-26	8,6	13,0	47,0	17,6	31,8	**21,0**
1930-31	12,3	20,0	49,5	18,7	36,6	**25,8**
1935-36	14,5	22,7	47,9	21,6	44,0	**27,6**
1940-41	20,3	28,4	54,0	23,6	52,8	**33,9**
1945-46	22,3	26,7	54,1	21,3	53,0	**32,7**
1950-51	26,2	24,8	54,7	22,4	54,5	**34,0**
1955-56	28,5	27,5	57,1	22,9	55,3	**36,4**
1960-61	29,1	32,2	62,4	25,2	59,3	**41,1**
1961-62	29,3	32,1	63,3	25,6	59,8	**41,6**

Ces chiffres retracent les étapes d'une véritable mutation culturelle, celle qui en un demi-siècle a porté la représentation des étudiantes de 3 % à 41 % (1). Mais la progression du taux d'étudiantes a été variable selon les disciplines.

Toutes les disciplines n'ont pas connu une féminisation aussi précoce, aussi rapide, aussi soutenue ; c'est vers les facultés de lettres que les étudiantes se sont d'abord dirigées : la proportion d'étudiantes y était dès 1911 de 34 %, alors que partout ailleurs elle restait inférieure à 15 %. C'est en droit que l'apparition des étudiantes est la plus tardive : en 1931, elles ne représentaient encore que 12 %. Les sciences, à la différence des lettres ou de la pharmacie, ont connu un accroissement régulier supérieur à celui du droit et de la médecine.

---

(1) Remarquons que la guerre de 1914-18 a été l'occasion d'une poussée du taux de féminisation des facultés qui a été plus ou moins prononcée selon les disciplines et qui s'est résorbée avec la fin de la guerre, sauf en pharmacie.

*L'évolution par discipline
du pourcentage d'étudiantes*

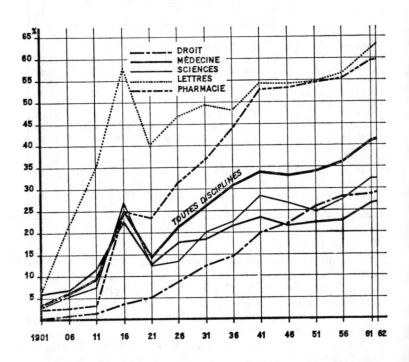

La médecine et la pharmacie doivent être mises à part. La pharmacie s'est féminisée, dès 1911 et à un rythme très rapide qui a rejoint en 1941 celui des lettres (les étudiantes constituant dans l'un et l'autre cas la moitié de la population étudiante). Quant à la médecine, qui est aujourd'hui la moins féminisée, elle a pourtant eu de 1901 à 1911 un pourcentage d'étudiantes supérieur à celui des sciences, du droit ou de la pharmacie, mais le taux de croissance y est ensuite resté faible.

Si l'accroissement se déclenche plus ou moins tôt, s'il est plus ou moins rapide et plus ou moins soutenu, si d'autre part la hiérarchie selon la précocité du démarrage et selon la vitesse d'accroissement coïncident *grosso modo* (1), c'est sans doute que les différentes études et les différents métiers auxquels elles préparent sont différemment qualifiés par rapport aux modèles et aux normes qui définissent l'image conforme de l'activité féminine. On peut considérer chaque discipline sous deux rapports, d'une part sous le rapport de l'opposition entre littéraires et scientifiques, d'autre part sous le rapport de la profession à laquelle elle prépare. Les lettres cumulent tous les avantages, puisqu'elles préparent au métier le plus communément concédé à la femme, celui de professeur, et que ces études coïncident avec l'idée reçue des dons « naturellement » féminins.

Parmi les professions qui étaient traditionnellement l'apanage de la bourgeoisie, seule la pharmacie s'est fortement féminisée et on peut penser que si la médecine qui jusqu'en 1911 avait un pourcentage d'étudiantes supérieur à celui des autres disciplines n'a pas vu ce mouvement se poursuivre, c'est que d'une part il y a eu un transfert vers la pharmacie des étudiantes d'origine bourgeoise (comme en témoigne la répartition selon l'origine sociale qui fait de médecine et pharmacie les facultés les plus bourgeoises) et que, d'autre part, des résistances, rationnelles ou éthiques, ont pu freiner la féminisation en réduisant, ici plus qu'ailleurs, la part des jeunes filles dans les contingents venus des autres classes sociales.

---

(1) Ainsi en prenant pour seuil indicatif le moment où la part des étudiantes dans une discipline dépasse définitivement 20 % (donc abstraction faite de la féminisation accidentelle due à la guerre), on aperçoit qu'il est franchi dans l'ordre par les lettres, la pharmacie, les sciences, la médecine et le droit. Cet ordre est en gros celui que l'on obtient en considérant le taux d'accroissement de la proportion des étudiantes dans les diverses disciplines : lettres et pharmacie, puis sciences, puis droit et médecine.

1. 6. *L'évolution du taux de scolarisation*
dans l'enseignement supérieur (1)

De 1911 à 1962 les effectifs de l'enseignement supérieur ont été multipliés par six, tandis que le taux de scolarisation était multiplié par sept (2). L'augmentation du taux de scolarisation est, pour l'instant, la seule cause de l'accroissement des effectifs, les classes d'âge postérieures à 1945 (date de la reprise démographique) n'ayant pas encore atteint le stade de l'enseignement supérieur (3), où elles ne se présenteront vraiment qu'après 1964.

ANNÉE	POPULATION FRANÇAISE (19-24 ans)	POPULATION ÉTUDIANTE (19 à 24 ans)	TAUX DE SCOLARISATION %	
1911	3 707 000	* 25 940	0,7	sur le demi-siècle
1936	3 285 000	* 46 488	1,4	
1946	3 760 000	* 76 810	2,0	
1954	3 770 462	92 341	2,4	
1957	3 650 000	104 330	2,8	sur six ans
1958	3 613 144	118 295	3,3	
1959	3 591 047	126 021	3,5	
1960	3 509 000	* 126 596	3,6	
1961	3 409 171	129 535	3,8	
1962	3 063 600	* 148 699	4,4	
1963	3 420 700	* 172 611	5,0	

(1) Il s'agit d'une estimation grossière qui a été obtenue en rapportant la population étudiante de dix-neuf à vingt-quatre ans à l'ensemble de la classe d'âge correspondante. Pour les années 1911, 1936 et 1946 on ne dispose pas de statistiques donnant la répartition par âge des étudiants. Etant donné que la classe d'âge de dix-neuf à vingt-quatre ans représente, en moyenne, pour les années 1950 à 1962, 65 % de la population étudiante, on a supposé qu'elle représentait la même proportion dans les années antérieures de même que pour 1960 et 1963 (années pour lesquelles les statistiques de la répartition par âge ne sont pas disponibles). D'autre part, le taux de scolarisation ainsi obtenu est très légèrement minoré puisqu'il ne prend pas en compte les étudiants de certaines grandes écoles et des instituts rattachés aux facultés ou universités, ainsi que celui des élèves de l'enseignement secondaire appartenant à cette même catégorie.

(2) La classe d'âge de dix-neuf à vingt-quatre ans étant, dans la population française, en très légère régression, de 3 707 000 en 1911 à 3 420 700 en 1963.

(3) La part des étudiants de dix-sept ans et au-dessous représente moins de 3 % des effectifs de l'enseignement supérieur.

L'ORIGINE SOCIALE DES ETUDIANTS FRANÇAIS

Nous avons utilisé trois séries de statistiques concernant l'origine sociale des étudiants. Ceci entraîne à quelque redondance mais ces approches différentes du même phénomène sont nécessaires pour dégager les aspects divers de l'inégalité devant l'Ecole.

Le premier type de statistiques (tableaux 1. 7. et 1. 8.) décrit la part respective des étudiants issus des diverses couches sociales dans l'ensemble de la population étudiante et dans chaque discipline. Ces chiffres sont ceux dont on se sert le plus communément pour décrire l'inégale représentation des diverses couches de la société française dans l'enseignement supérieur. On voit que, si on ajoute, aux 28,5 % d'étudiants fils de cadres supérieurs ou de membres de professions libérales, les 4 % de fils d'industriels, le groupe que nous avons caractérisé comme un groupe privilégié sous le rapport de la culture représentait en 1962 plus de 30 % des étudiants d'université.

Mais ces chiffres ne donnent qu'une idée très incomplète du privilège d'enseignement, les catégories sociales les moins représentées dans l'enseignement supérieur se trouvant être en même temps les plus nombreuses dans la population active. On utilise fréquemment pour caractériser les chances d'accès à l'Université le rapport entre le nombre d'étudiants issu d'une catégorie socio-professionnelle donnée et le nombre de personnes actives de cette catégorie socio-professionnelle. Nous donnons ici ce deuxième type de statistiques, bien que l'estimation des chances qu'il autorise reste assez grossière (tableau 1. 9). Mais, permettant un décompte séparé des fils d'industriels et de membres de professions libérales, il fait apercevoir que c'est dans leur cas que les chances d'accès à l'enseignement supérieur atteignent leur maximum.

Le troisième type de statistiques, visant à donner une estimation plus précise des chances scolaires, a été utilisé dans le texte (page 13). On en trouvera ci-dessous la justification méthodologique.

1. 7. *L'origine soc*

Effectifs par discipline en va

CATEGORIES SOCIO-PROFESSIONNELLES	DROIT			SCIENCES		
	H	F	ENS.	H	F	ENS.
Salariés agricoles	107	39	146	314	140	45
Agriculteurs	1 234	608	1 842	3 112	1 395	4 50
Personnel de service	183	77	260	581	230	81
Ouvriers	1 125	540	1 665	4 353	1 743	6 09
Employés	2 216	1 044	3 260	4 419	2 079	6 49
Patrons de l'industrie et du commerce	3 904	1 908	5 812	8 172	3 787	11 95
dont industriels	965	458	1 423	1 245	537	1 78
Cadres moyens	3 926	1 657	5 583	7 638	4 257	11 89
Professions libérales et cadres supérieurs	6 291	3 041	9 332	12 290	7 189	19 47
Rentiers, sans profession	2 464	984	3 448	3 860	1 681	5 54
Autres catégories	2 157	1 017	3 174	2 383	1 187	3 57
TOTAL GÉNÉRAL	23 607	10 915	34 522	47 122	23 688	70 81

étudiants français

ɔlue. Année universitaire 1961-62

LETTRES			MEDECINE			PHARMACIE			TOTAUX		TOTAL général
H	F	ENS.	H	F	ENS.	H	F	ENS.	H	F	ENS.
232	313	545	39	12	51	5	7	12	697	511	1 208
586	2 229	3 815	941	251	1 192	162	273	435	7 035	4 756	11 791
231	331	562	136	67	203	9	9	18	1 140	714	1 854
939	2 765	4 704	750	258	1 008	63	125	188	8 230	5 431	13 661
414	2 566	3 980	1 728	757	2 485	176	270	446	9 953	6 716	16 669
233	8 141	12 364	3 962	1 469	5 431	776	1 193	1 969	21 037	16 498	37 535
102	2 352	3 454	871	442	1 313	171	277	448	4 354	4 066	8 420
053	10 027	15 080	3 008	1 151	4 159	463	741	1 204	20 088	17 833	37 921
971	11 420	16 391	8 042	3 239	11 281	1 481	2 410	3 891	33 075	27 229	60 374
641	2 348	3 989	1 075	348	1 423	164	204	368	9 204	5 565	14 769
660	2 364	4 024	3 701	1 378	5 079	114	136	250	10 015	6 082	16 097
950	42 504	65 454	23 382	8 930	32 312	3 413	5 368	8 781	120 474	91 405	211 879

1. 8. *L'origine soc*

Répartition par discipline et

CATEGORIES SOCIO-PROFESSIONNELLES	DROIT			SCIENCES		
	H	F	ENS.	H	F	ENS.
Salariés agricoles	0,45	0,35	**0,4**	0,7	0,6	**0,6**
Agriculteurs	5,2	5.6	**5,3**	6,6	5',9	**6,**
Personnel de service	0,8	0,7	**0,8**	1,2	1	**1,**
Ouvriers	4,8	4,9	**4,8**	9,2	7,3	**8,**
Employés	9,4	9,5	**9,4**	9,4	8,8	**9,**
Patrons de l'industrie et du commerce	16,5	17,5	**16,8**	17,3	16	**16,**
dont industriels	4,1	4,2	**4,1**	2,6	2,3	**2,**
Cadres moyens	16,65	15,2	**16,2**	16,2	18	**16,**
Professions libérales et cadres supérieurs	26,65	27,85	**27,1**	26,1	30,3	**27,**
Rentiers, sans profession	10,4	9,1	**10,0**	8,2	7,1	**7,**
Autres catégories	9,15	9,3	**9,2**	5,1	5,0	**5,**
TOTAL %	100	100	100	100	100	100
Nombre total des étudiants	23 607	10 915	34 522	47 122	23 688	70 8

étudiants français.

. Année universitaire 1961-62

LETTRES			MEDECINE			PHARMACIE			TOUTES DISCIPLINES		
H	F	ENS.	H	F	ENS.	H	F	ENS.	H	F	ENS.
1,0	0,7	**0,8**	0,2	0,1	**0,2**	0,1	0,1	**0,1**	0,6	0,6	**0,6**
6,9	5,2	**5,9**	4,0	2,8	**3,7**	4,8	5,1	**5,0**	5,8	5,2	**5,6**
1,0	0,8	**0,9**	0,6	0,7	**0,6**	0,3	0,2	**0,2**	1,0	0,8	**0,9**
8,4	6,5	**7,2**	3,2	2,9	**3,1**	1,8	2,35	**2,2**	6,8	5,9	**6,4**
6,2	6.0	**6,0**	7,4	8,5	**7,7**	5,2	5,0	**5,0**	8,3	7,3	**7,9**
18,4	19,2	**18,9**	16,9	16,5	**16,8**	22,7	22,25	**22,5**	17,4	18,0	**17,7**
4,8	5,5	**5,3**	3,7	4,9	**4,1**	5,0	5,2	**5,1**	3,6	4,4	**4,0**
22,0	23,6	**23,0**	12,9	12,9	**12,9**	13,6	13,8	**13,7**	16,7	19,5	**17,8**
21,7	26,9	**25,1**	34,3	36,3	**34,9**	43,4	44,9	**44,2**	27,5	29,9	**28,5**
7,2	5,5	**6,1**	4,6	3,9	**4,4**	4,8	3,8	**4,2**	7,6	6,1	**7,0**
7,2	5,6	**6,1**	15,8	15,4	**15,7**	3,3	2,5	**2,9**	8,3	6,7	**7,6**
00	100	100	100	100	100	100	100	100	100	100	100
2 950	42 504	65 454	23 382	8 930	32 312	3 413	5 368	8 781	120 474	91 405	211879

137

1. 9. Nombre d'étudiants pour 1 000 personnes actives classées par catégories socio-professionnelles

CATÉGORIE SOCIO-PROFESSIONNELLE	RÉPARTITION DES ÉTUDIANTS (1961-62)		POPULATION ACTIVE (recensement de 1962)		Nombre d'étudiants pour 1 000 personnes actives de la catégorie d'origine
	Effectifs	‰	Effectifs	‰	
Salariés agricoles	1 208	6	829 600	43	1,4
Agriculteurs .	11 791	56	3 011 600	157	3,9
Personnel de service	1 834	9	1 042 020	54	1,7
Ouvriers ...	13 661	64	7 024 040	367	1,9
Employés ...	16 669	79	2 416 300	126	6,8
Patrons de l'industrie et du commerce	37 535	177	1 996 560	104	18
Industriels	8 420	40	78 780	4	106,8
Artisans .	1 376	39	611 000	32	13,7
Commerçants	20 739	98	1 287 340	66	16,1
Patrons pêcheurs ...	—	—	19 440	7	
Cadres moyens ...	37 921	178	1 490 500	78	25,4
Professions libérales et cadres supérieurs	60 374	91	761 040	40	79,3
Professions libérales .	20 900	168	124 340	6	168
Professeurs	11 464	285	126 040	7	91
Cadres administratifs supérieurs.	28 010	55	510 660	27	55
Rentiers, sans profession	14 769	70			
Autres catégories	16 097	76	592 800	31	
Total	211 879	1 000	19 164 460	1 000	11

LES CHANCES SCOLAIRES

Le tableau de la page 15 présente deux sortes de probabilités. La première colonne donne la *probabilité objective* qu'a un enfant d'un sexe donné et dont le père a une profession donnée d'accéder *normalement* à l'enseignement supérieur ; elle nous est fournie par le rapport :

étudiants inscrits pour la première fois, originaires d'une catégorie socio-professionnelle donnée.

cohorte d'enfants issus de cette catégorie socio-professionnelle

On trouve dans les colonnes suivantes les chances qu'a un étudiant (ou une étudiante) d'une catégorie sociale donnée s'inscrivant pour la première fois à l'Université de faire tel ou tel type d'études ; il s'agit alors de probabilités conditionnelles qui supposent acquise l'entrée dans l'enseignement supérieur. Elles s'expriment dans le rapport :

étudiants inscrits pour la première fois dans une discipline donnée, originaires d'une catégorie socio-professionnelle

étudiants issus de cette même catégorie socio-professionnelle inscrits pour la première fois à l'Université

Pour éviter d'accorder un poids disproportionné (et, en l'hypothèse, dénué de sens) aux études les plus longues (par exemple la médecine), on a choisi de prendre pour base, dans ce calcul des chances, le flux d'entrée dans chaque discipline.

NOTE MÉTHODOLOGIQUE (1)

Partant des chiffres fournis par le B. U. S. pour l'année universitaire 1961-62 (répartition des étudiants inscrits en faculté suivant la catégorie socio-professionnelle de leurs parents), on se propose de déterminer la *probabilité objective* attachée à un enfant (disons, le jour de sa naissance) d'accéder *normalement* à l'enseignement supérieur, la profession de son père étant connue.

L'état-civil des générations qui voient un certain nombre de leurs membres entrer à l'Université en 1961 fournirait, à quelques réserves près, une réponse au problème posé puisqu'on y trouverait la profession du père lors de la naissance de l'enfant et partant la répartition des enfants nés vivants par catégorie socio-professionnelle.

---

(1) Par M. Darbel administrateur de l'I.N.S.E.E.

D'ordinaire, les déclarations de profession laissent apparaître des imprécisions toujours gênantes, mais surtout des biais systématiques beaucoup plus graves, inspirés par la recherche de dénominations flatteuses : d'études actuellement en cours au ministère de l'éducation nationale, il ressort que l'on doit formuler les plus expresses réserves au sujet des déclarations des élèves de lycée sur la profession de leurs parents.

Dans une société où la structure sociale serait stationnaire et les comportements suffisamment stables dans le temps, les rapports A tels qu'ils sont définis ci-dessous auraient bien le sens de la probabilité objective recherchée :

$$A = \frac{\text{nouveaux étudiants issus d'une cohorte (1)}}{\text{cohorte d'enfants issus d'une catégorie socio-professionnelle donnée}}$$

Ils sont différents des rapports B

$$B = \frac{\text{nouveaux étudiants issus d'une catégorie socio-professionnelle donnée}}{\text{cohorte d'enfants issus de cette catégorie socio-professionnelle (au même âge)}}$$

Les rapports B se réfèrent à l'inscription à l'Université, les rapports A à la naissance.

Si les comportements sociaux sont stables dans le temps, le rapport opérationnel, pour l'intéressé, est vraisemblablement compris entre A et B.

Les rapports B^1 peuvent s'écrire :

$$B^1 = B^1_1 + B^1_2 + \cdots\cdots + B^1_k$$

B^1 étant la proportion originaire de la catégorie socio-professionnelle n° k, en sorte que le nombre d'étudiants qui, à leur naissance, appartenaient à la catégorie sociale n° k est :

$$N^1 B^1_k + N^2 B^2_k + \cdots\cdots + N^k B^k_k$$

(N effectifs correspondants de la cohorte)
soit en divisant par M^k (effectifs des cohortes à la naissance)

$$A^k = \frac{N^1}{M^k} B^1_k + \cdots\cdots + \frac{N^k}{M^k} B^k_k$$

où $\dfrac{N^i}{N^k}$ est l'espérance mathématique de passage de k à i pour un homme appartenant à k à l'âge où il peut être père.

---

(1) Au sens démographique.

Dans la mesure où les mutations de catégories sociales ne pourraient plus s'effectuer après cet âge on aurait évidemment :

$$\frac{M^k}{N^k} = 1 \text{ et } \frac{Ni}{N^k} \ (i \neq k) = 0$$

et :

$$A^k = B^k_k = B^k \ (\text{ou } A = B)$$

De façon approchée c'est le cas des catégories dont l'entrée est réglée par :

● la possession d'un patrimoine (industriels, commerçants)
● la possession d'un titre universitaire (cadres supérieurs).

En revanche pour les catégories où le passage est non contraint il ne saurait en être de même et $A \neq B$. Comme il ne peut s'agir que d'estimer des ordres de grandeur, les deux concepts peuvent être tenus pour équivalents.

En fait on connaît B^k et tout au plus peut-on envisager une estimation de $\frac{Ni}{M^k}$; en tout état de cause le système en A ne peut être complètement résolu en général (système de n équations avec n² inconnues).

Les rapports B sont d'une valeur opérationnelle vraisemblablement supérieure au rapport A ; ils sont suffisants pour déterminer l'espérance subjective vécue à l'époque où nous nous plaçons (c'est-à-dire la probabilité d'accéder à l'enseignement supérieur telle qu'elle peut être estimée par la connaissance quotidienne).

Donc, seule une estimation de B est possible, et encore, très imparfaite :

A. Pour estimer la répartition des enfants nés vivants pendant une année moyenne entre 1941 et 1943 (dont sont issus la plupart des *nouveaux* étudiants de l'année universitaire 1961-1962) suivant la catégorie sociale de leurs parents, nous utiliserons :

● une estimation du nombre de femmes mariées appartenant à chaque catégorie sociale et en âge de procréer ;

● un indicateur de la fécondité différentielle par catégorie sociale, à savoir la répartition de la population active *masculine*, mariée, de moins de 50 ans d'âge (dont une proportion vraisemblablement indépendante de la catégorie sociale a une épouse de moins de 45 ans) corrigée par un indicateur de fécondité différentielle. En d'autres termes on calculera les produits : $H^{50}xf$

H^{50} nombre d'hommes actifs mariés de moins de 50 ans.

f   nombre moyen d'enfants par famille.

$\dfrac{Hf}{\Sigma Hf}$. M est l'effectif d'une cohorte d'enfants issus d'une catégorie sociale correspondante.

● Faute de détenir les données nécessaires, on ne peut tenir compte de la mortalité différentielle, en sorte que à B se trouve substitué un rapport un peu plus faible, ce qui risque d'entraîner une légère distorsion dans l'analyse différentielle. Un calcul plus précis aurait dû conduire à calculer les termes

$$\frac{HfS^{19}_{o}M}{\Sigma Hf}$$

S^{19}_{o} étant alors le taux de survie moyen à 19 ans.

B. Les données du B. U. S. n'autorisent à leur tour qu'un calcul approximatif.

En effet :

● La catégorie sociale d'origine est donnée pour l'ensemble des étudiants et non pour le flux d'arrivée, en sorte que ceux d'entre eux qui font des études très longues (médecine par exemple) apparaissent d'autant plus représentés relativement. On a dû supposer que la répartition selon l'origine sociale des étudiants inscrits pour la première fois était la même que la répartition de l'ensemble des étudiants.

● La répartition par sexe n'est donnée que pour l'ensemble des étudiants. Là encore on a supposé qu'à l'intérieur de chaque discipline cette répartition était la même pour le flux d'arrivée et pour l'ensemble des étudiants. Cette hypothèse est assez proche de la réalité : les estimations fournies par le B. U. S. (répartition par sexe des étudiants inscrits pour la première fois en 1963-64) font voir qu'il y a proportionnellement un peu plus de filles la première année que les années suivantes ; cette différence reste cependant minime.

● Deux catégories dotées d'un poids relatif important, « rentiers » et « autres », soulèvent quelques difficultés particulières.

appendice 2
quelques documents et résultats d'enquêtes *

* Les résultats d'enquêtes utilisés dans cet appendice sont extraits des comptes rendus intégraux publiés aux éditions Mouton and C°, sous le titre *Les étudiants et leurs études* par P. Bourdieu et J.-C. Passeron.

Du tableau 2. 1. au tableau 2. 10. et du tableau 2. 21. au tableau 2. 38. la plus forte tendance ou les deux plus fortes tendances par colonne ont été soulignées en gras.

L'ORIGINE SOCIALE ET LA VIE ÉTUDIANTE

Tableaux 2.1. à 2.5.

2.1. et 2.2. *L'origine des ressources*

Etudiants en philosophie

ORIGINE DES RESSOURCES — C. S. P. DU PÈRE	BOURSE %	AIDE FAMILLE %	TRAVAIL PERSONNEL %	BOURSE + AIDE FAMILLE %	TRAVAIL PERSONNEL + AIDE FAMILLE %	TOTAL %	
Ruraux, ouvriers, employés, cadres subalternes	27	14,5	21	21	16,5	100	(48)
Artisans, commerçants .	22	22	11	6	39	100	(18)
Cadres moyens	12,5	37,5	12,5	15	22,5	100	(40)
Cadres supérieurs, professions libérales	11,5	58	1,5	11	18		(71)
	(30)	(67)	(18	(25)	(37)		(177)

Etudiants en sociologie

ORIGINE DES RESSOURCES — C. S. P. DU PÈRE	BOURSE %	AIDE FAMILLE %	TRAVAIL PERSONNEL %	BOURSE + AIDE FAMILLE %	TRAVAIL PERSONNEL + AIDE FAMILLE %	TOTAL %	
Ruraux, ouvriers, employés, cadres subalternes	23	10	43,5	13,5	10	100	(30)
Artisans, commerçants .	15	45	20	7,5	12,5	100	(40)
Cadres moyens	15	39	22	15	9	100	(46)
Cadres supérieurs, professions libérales	13,5	50	10	7	19,5	100	(98)
	(33)	(88)	(41)	(21)	(31)		(214)

On voit dans les tableaux 2.1. et 2.2., que la part des étudiants qui tirent leurs ressources d'une bourse ou d'un travail personnel (par opposition à ceux qui vivent grâce à l'aide de leur famille) est fonction de l'origine sociale mais la liaison semble plus forte dans le groupe des philosophes que dans celui des sociologues.

2.3. *Le logement*

Etudiants en philosophie et en sociologie

TYPE DE LOGEMENT C. S. P. DU PÈRE	CHEZ LES PARENTS %	LOCAUX UNIVERSITAIRES %	LOGEMENT INDÉPENDANT %	TOTAL %	
Ruraux, ouvriers, employés, cadres subalternes	29,5	56	14,5	100	(95)
Artisans, commerçants .	34	57	9	100	(65)
Cadres moyens	35	53	12	100	(91)
Cadres supérieurs, professions libérales ...	50	37	13	100	(189)
	(177)	(208)	(55)		(440)

La résidence chez les parents, qui détermine une expérience particulière de la vie quotidienne et du travail, est d'autant plus fréquente que l'origine sociale des étudiants est plus élevée. La dépendance plus entièrement acceptée ou plus fortement éprouvée suscite chez les étudiants qui logent dans leur famille des conduites, des attitudes et des opinions tout à fait originales.

2.4 et 2.5. *Le travail en dehors des études*

Etudiants en philosophie

C. S. P. DU PÈRE	TRAVAIL %	NON-TRAVAIL %	TOTAL %
Ruraux, ouvriers, employés, cadres subalternes	36	64	100
Artisans, commerçants	25	75	100
Cadres moyens	25	75	100
Cadres supérieurs, professions libérales	11	89	100

Etudiants en sociologie

C. S. P. DU PÈRE	TRAVAIL	NON-TRAVAIL %	TOTAL %
Ruraux, ouvriers, employés, cadres subalternes	53,5	46,5	100
Artisans, commerçants	28	72	100
Cadres moyens	24,5	75,5	100
Cadres supérieurs, professions libérales	25,5	74,5	100

La part des étudiants qui doivent travailler en dehors de leurs études est régulièrement décroissante, quelle que soit la discipline, à mesure que l'origine sociale s'élève. Mais comme on le voit en comparant les étudiants en sociologie et en philosophie, cette part semble, quelle que soit l'origine sociale, d'autant plus faible que la discipline est plus « traditionnelle ».

L'ORIGINE SOCIALE, LES CONDUITES ET LES ATTITUDES SCOLAIRES (1)

Tableaux 2. 6. à 2. 13.

2. 6. *Les choix scolaires : la section du premier baccalauréat.*

Etudiants en philosophie et en sociologie

ÉTUDES SECONDAIRES C. S. P. DU PÈRE	ÉQUIVALENCE %	LATIN-GREC %	LATIN-LANGUES %	LATIN-SCIENCES %	MODERNE OU TECHNIQUE %	TOTAL %
Ruraux, ouvriers .	6,8	20,5	16	4,2	**52**	100
Employés, c a d r e s subalternes		20	33	6	41	100
Artisans, commer-çants	**1,5**	12,5	**48,5**	7,8	29,5	100
Cadres moyens ...		24	35	13	28	100
Cadres supérieurs, professions libé-rales		**26**	41	**17**	17	100

(1) Les indicateurs de l'influence de l'origine sociale qui ont été retenus ci-dessous pourront paraître discutables ou insolites, par le fait même qu'il s'agit d'un choix restreint et que leur vertu probatoire tient à ce qu'ils renvoient à un système de variations toujours orientées dans le même sens.

2.7. *Les études multiples*

Etudiants en sociologie

C. S. P. DU PÈRE	NON %	OUI %	TOTAL %
Ouvriers, ruraux, employés, cadres subalternes	**56**	44	100
Artisans, commerçants	45	55	100
Cadres moyens ,...........	42	58	100
Cadres supérieurs, professions libérales	32	**68**	100

Une discipline comme la sociologie, qui peut entrer, à titre de complément, dans les programmes d'études assez divers, laisse voir que le « dilettantisme » dans les études est plus particulièrement le fait des étudiants originaires des hautes classes. Dans le groupe des sociologues, la part des étudiants qui suivent plusieurs enseignements (1) la même année croît en même temps que s'élève l'origine sociale.

---

(1) Parmi ces programmes d'études composites certains sont classiques (droit et sociologie), d'autres plus inattendus : langues (ou lettres) et sociologie. Il arrive même assez fréquemment que des étudiants issus des couches les plus aisées juxtaposent des enseignements relevant de plus de deux disciplines et de plusieurs facultés ou instituts.

2. 8. *L'image des études*

Etudiants en sociologie.

C. S. P. DU PÈRE	EUROPE %	PAYS SOUS-DÉVELOPPÉS OU ETHNOLOGIE %	TOTAL %
Ruraux, ouvriers, employés, cadres subalternes	44	56	100
Artisans, commerçants, cadres moyens	42	58	100
Cadres supérieurs, professions libérales	26,5	**73,5**	100

Lorsqu'on demande à des étudiants en sociologie, s'ils préféreraient étudier leur propre société ou se consacrer à l'étude des pays du tiers-monde et à l'ethnologie, on aperçoit que les choix « exotiques » deviennent plus nombreux à mesure que l'origine sociale s'élève.

2.9. et 2.10. *La participation à la vie syndicale*

Echantillon exclusivement féminin

C. S. P. DU PÈRE	ADHÉRENT %	INDIFFÉNT OU HOSTILE %	TOTAL %
Ruraux, ouvriers	**70,7**	29,3	100
Cadres subalternes, artisans, commerçants	60,8	39,2	100
Cadres moyens	60,6	39,4	100
Cadres supérieurs, professions libérales	53,1	**46,9**	100

Etudiants en sociologie

C. S. P. DU PÈRE	RESPONSABLE %	SIMPLE ADHÉRENT %	INDIFFÉRENT OU HOSTILE A TOUTE PARTICIPATION %	TOTAL %
Ruraux, ouvriers, employés, cadres subalternes	18	**71**	11	100
Artisans, commerçants, cadres moyens, cadres supérieurs, professions libérales	16	50	**34**	100

On voit que dans un groupe de sociologues comme dans un groupe d'étudiantes, le taux d'adhésion au syndicat est nettement plus fort pour les étudiants ou les étudiantes originaires des basses classes. Mais la différence semble disparaître dans le cas de la participation à une *responsabilité* syndicale : les étudiants originaires des hautes classes et des couches moyennes retrouvent une représentation qui ne correspond pas à leur taux, plus faible, de syndicalisation.

2.11. *L'âge scolaire et l'origine sociale*

Dès l'entrée en faculté, l'histogramme représentant la distribution des âges pour les étudiants originaires des différentes classes fait apparaître que la part des étudiants qui ont l'âge scolaire modal (par rapport à l'ensemble des étudiants originaires de cette classe) s'élève à mesure que l'on va vers les catégories les plus favorisées ; ou, ce qui revient au même, que la distribution est d'autant plus régulière que l'origine sociale est plus élevée (voir ci-dessous le tableau présentant mode, médiane, moyenne et variance des distributions de l'âge en première et deuxième année selon l'origine sociale). La distribution des âges pour les étudiants des basses classes et même légèrement bi-modale. A mesure que l'on avance dans le *cursus* scolaire, les distributions prennent des allures de plus en plus différentes, les âges minimum cessant d'être représentés plus tôt dans le cas des basses classes. Il apparaît aussi dans les dernières années une tendance au relèvement de la part relative des étudiants issus des basses classes. On décèle ici un autre désavantage de ces étudiants, le piétinement dans la carrière scolaire qui, les condamnant à des études plus longues, leur donne dans les statistiques globales sur l'origine sociale un poids relatif plus grand et estompe en partie le phénomène d'élimination dont ils sont victimes.

Pour rendre raison du piétinement propre aux étudiants des hautes classes (étalement croissant de l'âge modal de ces étudiants) il faut tenir ici le même raisonnement qu'en ce qui concerne la représentation des étudiants dans les disciplines-refuges (cf. p. 18-19).

C. S. P. DU PÈRE	MODE		MÉDIANE		MOYENNE		ÉCART-TYPE	
	1re ANNÉE	2e ANNÉE	1re ANNÉE	2e ANNÉE	1re ANNÉE	2e ANNÉE	1re ANNÉE	2e ANNÉE
Basses classes .	19	20	20	21	20-5 *	21-8	1,88	2,1
Classes moyennes	19	20	19	21	19-10	21-1	1,72	1,69
Hautes classes .	19	21	19	20	19-7	20-10	1,48	1,58
Ensemble	19	20	19	21	20	21-2	1,72	1,74

* 20-5 : lire 20 ans 5 mois.

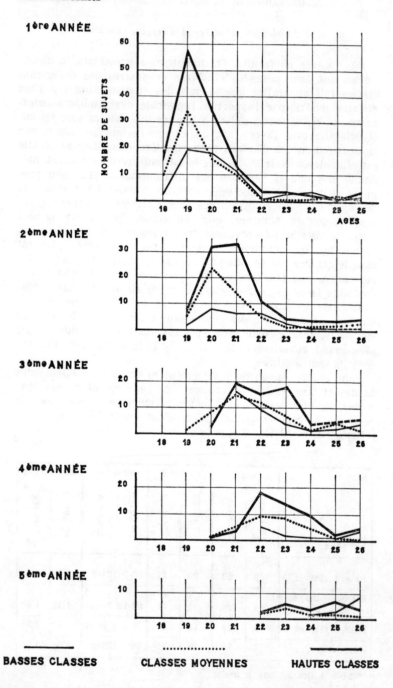

2. 12. *Variation de l'inter-connaissance*

(moyenne des condisciples connus
par étudiant d'une catégorie sociale)

DEGRÉ DE CONNAISSANCE C. S. P. DU PÈRE	A*	A ou C*	A ou C ou N ou V*
Ruraux, ouvriers	2,2	6,5	14,4
Employés	2,8	8,5	18
Cadres moyens	3	7,1	15
Patrons d'industrie, commerçants	4	9,1	21
Cadres supérieurs, professions li- bérales	4,3	9,6	19
Ensemble	3,2	8,4	19

* A : à travers une activité commune continue.
C : pour avoir eu au moins une conversation.
N : connu seulement de nom.
V : connu seulement de vue.

On voit que la moyenne des personnes connues croît régulièrement en même temps que l'origine sociale. L'accroissement de l'inter-connaissance selon l'origine sociale est d'autant plus marqué qu'il s'agit d'un type de connaissance plus intense : de 14 à 19 lorsqu'on fait le compte des personnes connues par quelque moyen que ce soit, de 6 à 9 lorsque la simple conversation est comptée au nombre des moyens de connaissance, de 2 à 4 lorsque l'on ne retient que les personnes connues par une activité commune (critère de connaissance intense).

153

2.13. *Variation de l'inter-connaissance selon la place occupée dans l'amphithéâtre*

(moyenne des condisciples connus par étudiant)

DEGRÉ DE CONNAISSANCE PLACE	A*	A ou C	A ou C ou N ou V
Premier tiers	5,1	9,7	23
Deuxième tiers	3,4	8,6	17
Troisième tiers	2,3	7,1	15
Ensemble	3,2	8,4	19

* A : à travers une activité commune continue.
   C : pour avoir eu au moins une conversation.
   N : connu seulement de nom.
   V : connu seulement de vue.

On voit que, quel que soit le type de connaissance envisagé, le nombre moyen de condisciples connus décroît systématiquement à mesure que l'on va des premiers rangs vers le fond de l'amphithéâtre. L'aisance ou l'assurance dans le système scolaire, que mesure *grosso modo* le placement dans la salle, n'est donc pas sans relations avec les techniques de sociabilité propres aux classes cultivées.

L'ORIGINE SOCIALE ET LA CONNAISSANCE DU THÉÂTRE

Tableaux 2.14 à 2.18

2.14 et 2.15. Variation de la connaissance du théâtre selon la catégorie socio-professionnelle du père et le type d'accès aux œuvres

Etudiants de licence

TYPE D'ACCÈS / C.S.P. DU PÈRE	PIÈCES VUES SUR SCÈNE							RADIO OU TÉLÉVISION							PIÈCES LUES						
	0	1 à 3	4 à 8	9 à 14	15 à 18	TOTAL	Médianes	0	1 à 3	4 à 8	9 à 14	15 à 18	TOTAL	Médianes	0	1 à 3	4 à 8	9 à 14	15 à 18	TOTAL	Médianes
Ruraux, ouvriers	5	8	11			24	1 à 3	9	10	5			24	1 à 3	1	2	7	13	1	24	9 à 14
Employés, cadres subalternes	9	21	24	2		56	1 à 3	14	22	12	8		56	1 à 3	2	1	28	22	3	56	4 à 8
Artisans, commerçants	4	16	17	4		41	4 à 8	12	18	9	2		41	1 à 3		5	19	14	3	41	4 à 8
Cadres moyens	7	21	23	7		58	4 à 8	13	22	20	3		58	1 à 3	1	3	23	29	2	58	9 à 14
Cadres supérieurs	9	21	58	25	3	116	4 à 8	40	38	33	5		116	1 à 3	3	6	48	54	5	116	9 à 14
Total	34	87	133	38	3	295	4 à 8	88	110	79	18		295	1 à 3	7	17	125	132	14	295	4 à 8
N. R.	1	8	7	3		19	4 à 8	6	8	5			19				11	8		19	4 à 8
Total général	35	95	140	41	3	314	4 à 8	94	118	84	18		314	1 à 3	7	17	136	140	14	314	4 à 8

La simple comparaison des médianes montre que le nombre des pièces vues sur scène s'élève lorsqu'on passe des basses classes aux classes moyennes et supérieures. Dans tous les cas, le mode se situe de 4 à 8, mais une partie (un quart) des fils de cadres supérieurs a accès à des résultats supérieurs au mode de la catégorie et au mode de la population globale.

Il n'y a pas de différences sensibles pour l'accès au théâtre par la radio et la télévision ; pour toutes les catégories, la lecture est le moyen d'accès au théâtre le plus fréquent.

Ensemble de l'échantillon

C. S. P. DU PÈRE	PIÈCES VUES SUR SCÈNE			RADIO, T. V.			LECTURES		
	moins de 3 auteurs %	plus de 3 %	EFFECTIFS	moins de 3 %	plus de 3 %	EFFECTIFS	moins de 9 %	plus de 9 %	EFFECTIFS
Ruraux	66	34	42	78	22	42	54	46	42
Ouvriers	82	18	29	41	59	29	68	32	29
Employés, cadres subalternes	66	34	144	55	45	144	59	41	144
Artisans, commerçants	62	38	98	63	37	98	61	39	98
Cadres moyens	58	42	117	56	44	117	50	50	117
Cadres supérieurs	39	61	251	59	41	251	52	48	251
Total des effectifs	374	307	681	404	277	681	378	303	681

Les résultats se hiérarchisent selon l'origine sociale dans le cas de la connaissance par la scène. Etant donné que dans le cas de l'accès direct aux œuvres théâtrales le clivage s'établit entre les fils de cadres supérieurs et l'ensemble des autres étudiants, on a regroupé les effectifs selon ces deux catégories constatant alors que la différence des scores est statistiquement très significative : $X^2 = 31,27$, significatif à P. 01.

2.16 La connaissance des divers genres de théâtre selon l'origine sociale

Etudiants de licence

GENRES C. S. P. DU PÈRE	A *		B		C		D		TOTAL
	EFFECTIFS	% de forts	EFFECTIFS	% de forts	EFFECTIFS	% de forts	EFFECTIFS	% de forts	
Ruraux, ouvriers	22	92	20	83	8	30	13	54	24
Employés, cadres subalternes, artisans, commerçants, cadres moyens	148	94	137	88	88	57	89	57	155
Cadres supérieurs	111	96	106	91	84	72	78	67	116

* A : *Classiques* (Hugo, Marivaux, Shakespeare, Sophocle).
  B : *Modernes consacrés* (Camus, Claudel, Ibsen, Montherlant, Sartre).
  C : *Avant-garde* (Beckett, Brecht, Ionesco, Pirandello).
  D : *Boulevard* (Achard, Aymé, Feydeau, Roussin).

La connaissance des types d'art les plus consacrés (particulièrement par l'Ecole) est la plus fortement représentée quelle que soit l'origine sociale.

Mais la structure des divers genres de connaissances varie selon l'origine sociale : pour les basses classes (fils de ruraux et d'ouvriers), des différences marquées apparaissent entre les goûts pour les types d'art les plus consacrés scolairement (classiques et modernes consacrés) et les intérêts artistiques moins liés à l'Ecole ; à mesure que l'origine sociale s'élève la disparité s'atténue et atteint son minimum chez les fils de cadres supérieurs.

On voit le sens de ces déplacements des constellations de connaissances : étant donné que les étudiants des basses classes et des classes moyennes, sont réduits à l'accès médiat organisé principalement par l'Ecole (la lecture), il est normal que leurs choix se posent sur les œuvres les plus scolaires ; cette tendance ne pouvait être que renforcée par l'attitude à l'égard de l'Ecole et de la culture qu'ils doivent à leur milieu.

La disparité selon l'origine sociale est maximum pour le théâtre d'avant-garde où la différence est statistiquement très significative entre les basses classes, les classes moyennes et les classes supérieures. ($X^2 = 15$, significatif à P.01.)

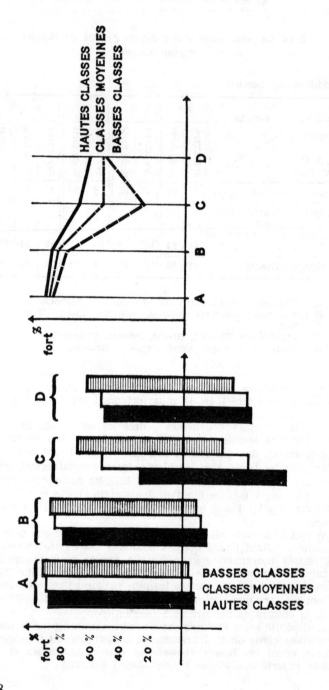

*2. 17. Moyenne des pièces de théâtre vues sur scène
selon la catégorie socio-professionnelle du père et du grand-père*

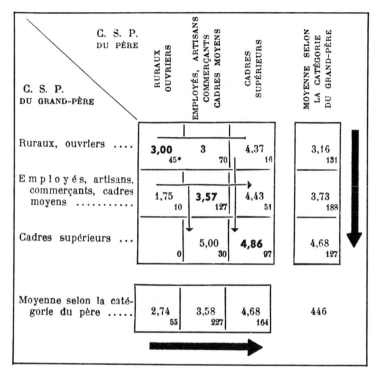

C. S. P. DU PÈRE C. S. P. DU GRAND-PÈRE	RURAUX OUVRIERS	EMPLOYÉS, ARTISANS COMMERÇANTS CADRES MOYENS	CADRES SUPÉRIEURS	MOYENNE SELON LA CATÉGORIE DU GRAND-PÈRE
Ruraux, ouvriers	**3,00** 45*	3 70	4,37 16	3,16 131
Employés, artisans, commerçants, cadres moyens	1,75 10	**3,57** 127	4,43 51	3,73 188
Cadres supérieurs ...	0	5,00 30	**4,86** 97	4,68 127
Moyenne selon la catégorie du père	2,74 55	3,58 227	4,68 164	446

* Effectif de la catégorie.

On aperçoit ici avec quelle force le milieu social d'origine peut agir sur le comportement culturel des étudiants.

Non seulement les moyennes de pièces vues sur scène se hiérarchisent parfaitement selon que la catégorie sociale du père ou du grand-père est plus élevée (grosses flèches) ou selon que les deux le sont en même temps (diagonale du tableau) mais encore, pour une valeur fixe de chacune de ces deux variables, l'autre tend, *à elle seule,* à hiérarchiser les scores : autrement dit, *à grand-père équivalent,* les scores tendent à être d'autant plus hauts que la position du père est plus élevée (lecture par lignes) et, à *père équivalent,* la position du grand-père tend aussi à hiérarchiser les scores (lecture par colonnes).

2. 18. *Moyenne des pièces de théâtres lues*
selon la catégorie socio-professionnelle du père et du grand-père

C. S. P. DU PÈRE C. S. P.	RURAUX, OUVRIERS	EMPLOYÉS, ARTISANS COMMERÇANTS CADRES MOYENS	CADRES SUPÉRIEURS	MOYENNE SELON LA CATÉGORIE DU GRAND-PÈRE
Ruraux, ouvriers	7,93 45	7,75 70	9,12 16	7,98 131
Employés, artisans, commerçants, cadres moyens	8,87 10	8,21 127	8,37 51	8,28 188
Cadres supérieurs ...	°*	9,23 30	8,55 97	8,83 127
Moyenne selon la catégorie du père	8,38 55	8,20 227	8,55 164	446

* Effectif de la catégorie.

Les mêmes tendances s'observent encore mais beaucoup moins nettement dans le cas de la lecture, qui peut jouer, en l'absence du contact direct, un rôle de compensation.

Tableaux 2.19 et 2.20.

2.19. *Variation de la connaissance de la musique*
selon la catégorie socio-professionnelle du père et le type d'accès aux œuvres
Étudiants de licence et de propédeutique

C. S. P. DU PÈRE / TYPE D'ACCÈS	PAR LE CONCERT				PAR RADIO, T. V.					PAR LE DISQUE					
	0	1 à 3	4 à 10	Médianes	0	1 à 3	4 à 10	8 à 10	Médianes	0	1 à 3	4 à 7	8 à 10	TOTAL	Médianes
Ruraux, ouvriers	45	12	14	0	9	13	40	9	4 à 7	4	14	44	9	71	4 à 7
Employés, cadres subalternes	73	40	31	0	22	21	77	24	4 à 7	12	15	99	18	144	4 à 7
Artisans, commerçants, cadres moyens	98	66	51	1 à 3	35	46	100	34	4 à 7	10	26	157	22	215	4 à 7
Cadres supérieurs	103	63	85	1 à 3	37	46	122	46	4 à 7	5	21	195	30	251	4 à 7
Total	319	181	181	1 à 3	103	126	339	113	4 à 7	31	76	495	79	681	4 à 7
N. R.	35	16	7	0	10	8	32	8	4 à 7	7	13	28	10	58	4 à 7
Total général	354	197	188	1 à 3	113	134	371	121	4 à 7	38	89	523	89	729	4 à 7

Ici encore la simple comparaison des **médianes** montre que le nombre des œuvres entendues au concert s'élève lorsqu'on passe des basses classes et classes moyennes aux fils de cadres supérieurs. La comparaison des médianes indique que l'accès direct par le concert est plus rare que l'accès indirect par le disque. D'autre part, pour les fils de cadres supérieurs, la répartition des connaissances par le concert est nettement bimodale : classe 0 et classe « de 4 à 10 » (un tiers des individus de cette catégorie ayant un score égal ou supérieur au mode le plus élevé). On constate ici une tendance caractéristique de la catégorie des fils de cadres supérieurs : une fraction appréciable de la catégorie (un tiers ou un quart) se distingue par ses hautes performances du reste de la catégorie et de l'ensemble de la population étudiante. Cela semble indiquer que les privilèges culturels attachés à une haute origine sociale ne jouent pas dans tous les cas.

161

2.20. *Variation de la connaissance des musiciens*
selon la catégorie socio-professionnelle du père

(nombre de mentions d'un musicien *
selon la catégorie socio-professionnelle)

C. S. P. DU PÈRE	MOZART	BEETHOVEN	BACH	BRAHMS	DEBUSSY	STRAVINSKY	CHABRIER	PALESTRINA	WEBER	BOULEZ	TOTAL EFFECT. DES CLASSES
Ruraux, ouvriers	62	66	60	54	38	29	21	7	8	1	71
Employés, cadres subalternes	127	129	122	105	91	78	57	20	13	1	142
Artisans, commerçants ..	91	88	86	74	62	56	31	21	9	2	97
Cadres moyens	107	111	104	100	85	80	38	14	19	3	118
Cadres supérieurs	240	232	221	205	191	167	83	42	33	9	245
Total	627	626	593	538	467	410	230	104	82	16	673

* Qu'il soit connu par le disque ou le concert.

Les classiques l'emportent globalement sur les modernes, les seuls auteurs ralliant vraiment un *consensus* (au-dessus de 500 mentions) étant Mozart (627), Beethoven (626), Bach (593) et Brahms (538). Certains noms semblent assez liés à des habitudes culturelles de classe, puisque les mentions dont ils sont l'objet diffèrent significativement selon l'origine sociale. C'est le cas pour : Stravinsky ($X^2 = 17,2$) Debussy ($X^2 = 17,7$).

L'INFLUENCE DE L'AGE

Tableaux 2.21. à 2.28.

2.21. et 2.22. *L'échelle politique*

Philosophie

AGE	EXTRÊME-GAUCHE GAUCHE	CENTRE	EXTRÊME-DROITE DROITE
	%	%	%
moins de 21 ans	68,5	22,5	9
21 à 25 ans	69	15,5	15,5
plus de 25 ans	44	50	6

Sociologie

AGE	EXTRÊME-GAUCHE GAUCHE	CENTRE	EXTRÊME-DROITE DROITE
	%	%	%
moins de 21 ans	51	29	20
21 à 25 ans	60	24,5	15,5
plus de 25 ans	76	22	2

2.23. et 2.24. *L'affiliation religieuse*

Philosophie

AGE	CATHOLIQUES	NON CATHOLIQUES
	%	%
moins de 21 ans	68,5	31,5
21 à 25 ans	81,5	18,5
plus de 25 ans	91	9

Sociologie

AGE	CATHOLIQUES	NON CATHOLIQUES
	%	%
moins de 21 ans	84	16
21 à 25 ans	80	20
plus de 25 ans	67,5	32,5

On constate en nombre de cas, des variations selon l'âge de sens inverse chez les étudiants en sociologie et les étudiants en philosophie. Tandis que parmi les étudiants en philosophie l'affiliation religieuse croît quand on va des plus jeunes vers les plus âgés, elle décroît chez les sociologues ; inversement, les opinions politiques d'extrême-gauche décroissent chez les premiers tandis qu'elles croissent chez les seconds. Pour rendre raison de ces bizarreries apparentes, il faut songer d'abord que, par opposition à la philosophie, licence d'enseignement, la sociologie est une discipline aux débouchés relativement incertains ; aussi est-elle le refuge d'étudiants souvent venus de disciplines plus classiques. Si l'on se rappelle d'autre part que l'ancienneté scolaire est un indice d'échec ou de moindre adaptation à l'Université, on peut conclure que l'ancienneté dans ce groupe représente la vérité tendancielle du groupe, à la limite sa pathologie. Si l'on sait enfin que nombre d'indices témoignent que les étudiants en sociologie adhèrent plus fortement que les autres aux valeurs de l'intelligentsia, on comprend que les plus anciens parmi les sociologues présentent la forme la plus accentuée du type « intellectuel ».

2.25. *Le type de logement*

AGE	CHEZ LES PARENTS	LOGEMENT INDÉPENDANT	LOCAUX UNIVERSITAIRES	
	%	%	%	
moins de 21 ans	**57**	30	13	(214)
21 à 25 ans	30	58	12	(171)
plus de 25 ans	10	**78**	12	(66)

2.26. *Le travail en dehors des études*

AGE	TRAVAILLENT	NE TRAVAILLENT PAS
	%	%
moins de 21 ans	18	**82**
21 à 25 ans	32,5	67,5
plus de 25 ans	**62**	38

L'échelle de participation

2.27. *A la vie politique*

AGE	MILITANT SIMPLE ADHÉRENT	SYMPATHISANT	INDIFFÉRENT
	%	%	%
moins de 21 ans	15	58	**27**
21 à 25 ans	**27**	49	**24**
plus de 25 ans	**21**	69	10

2.28. *A la vie syndicale*

AGE	RESPONSABLE	SIMPLE ADHÉRENT	INDIFFÉRENT HOSTILE
	%	%	%
moins de 21 ans	12,5	57	**30,5**
21 à 25 ans	**16**	53	**31**
plus de 25 ans	**27**	62	11

ÉTUDIANTS ET ÉTUDIANTES

Tableaux 2.29 à 2.38.

2.29. *Le type de logement*

SEXE	CHEZ LES PARENTS	LOGEMENT INDÉPENDANT	LOCAUX UNIVERSITAIRES	
	%	%	%	
Garçons	34	**52**	14	(232)
Filles	**46**	43	11	(223)

2.30. *Le travail en dehors des études*

SEXE	TRAVAILLENT	NE TRAVAILLENT PAS
	%	%
Garçons	**31**	69
Filles	22	**78**

2.31. *Le projet professionnel*

SEXE	RECHERCHE	ENSEIGNEMENT	PROFESSION NON UNIVERSITAIRE
	%	%	%
Garçons	**20,9**	61,5	**17,6**
Filles	13	**80,5**	6,5

2.32. *Les opinions des étudiants sur leur propre valeur scolaire*

SEXE	DE FAIBLE A PASSABLE	D'ASSEZ BON A TRÈS BON
	%	%
Garçons	36	**64**
Filles	**53**	47

2.33. La qualité des ouvrages lus

SEXE	OUVRAGES SCOLAIRES	OUVRAGES NON SCOLAIRES
	%	%
Garçons	54	46
Filles	66	34

2.34. La tenue d'un répertoire de titres

SEXE	POUR LES PIÈCES VUES	POUR LES FILMS VUS	POUR LES CONCERTS ENTENDUS	POUR LES EXPOSITIONS DE PEINTURE
	%	%	%	%
Garçons	10	17	5	3
Filles	19	27	9	8

2.35. La participation à la vie syndicale

SEXE	RESPONSABLE	SIMPLE ADHÉRENT	INDIFFÉRENT OU HOSTILE
	%	%	%
Garçons	23	54	23
Filles	7	58	35

2.36. La participation à la vie politique

SEXE	MILITANT	SIMPLE ADHÉRENT	INDIFFÉRENT OU HOSTILE
	%	%	%
Garçons	29	51	20
Filles	12	60	28

On remarquera que, dans le cas de vie syndicale comme dans celui de la vie politique, la différence entre étudiants et étudiantes, très faible quand il s'agit de la simple adhésion s'accroît pour la participation aux responsabilités.

2.37. *La participation des étudiantes*
à la vie politique
selon leur type de logement

TYPE DE LOGEMENT	PARTICIPATION ACTIVE	SYMPATHISANT	INDIFFÉRENT OU HOSTILE
	%	%	%
Chez les parents	19,5	**49,5**	31
Logement indépendant	32	38,5	29,5
Locaux universitaires	**46**	25	29

2.38. *L'adhésion*
au syndicat
chez les étudiantes selon
leur type de logement

TYPE DE LOGEMENT	SYNDIQUÉS	NON SYNDIQUÉS
	%	%
Chez les parents	53	**47**
Logement indépendant	60	40
Locaux universitaires	**83**	17

LE RECRUTEMENT SOCIAL DES FACULTÉS EN POLOGNE

2.39. *L'origine sociale des candidats admis en première année de faculté (de 1951-52 à 1961-62)* *

ORIGINE SOCIALE / ANNÉES SCOLAIRES	1951-52 CANDIDATS %	1951-52 ADMIS (1) %	1952-53 CANDIDATS %	1952-53 ADMIS %	1953-54 CANDIDATS %	1953-54 ADMIS %	1954-55 CANDIDATS %	1954-55 ADMIS %	1955-56 CANDIDATS %	1955-56 ADMIS %	1956-57 CANDIDATS %	1956-57 ADMIS %	1957-58 CANDIDATS %	1957-58 ADMIS %	1958-59 CANDIDATS %	1958-59 ADMIS %	1959-60 CANDIDATS %	1959-60 ADMIS %	1960-61 CANDIDATS %	1960-61 ADMIS %	1961-62 CANDIDATS %	1961-62 ADMIS %
Ouvriers	31,7	39,1	32,8	35,9	31,5	33,9	32,0	34,6	32,5	32,2	34,3	30,7	26,2	25,0	27,3	27,8	26,9	28,2	26,4	27,0	27,6	27,9
Paysans	22,2	24,9	23,8	25,1	24,9	25,9	24,4	24,4	25,0	24,0	25,1	22,0	21,6	21,1	21,0	21,3	20,1	20,1	19,0	19,3	18,9	19,4
Intelligentsia	46,1	36,0	43,4	39,0	43,6	40,2	43,6	41,0	42,5	43,8	40,6	47,3	52,2	53,9	51,7	50,9	53,0	51,7	54,6	53,7	53,5	52,7

On voit qu'à partir de 1957 la part relative des étudiants d'origine ouvrière (ou paysanne) *admis* en faculté cesse d'être systématiquement supérieure à la part relative des *candidats* de la même catégorie sociale. On voit même s'amorcer une tendance à la régression du contingent des fils d'ouvriers et de paysans entrant à l'université : de 30 à 27 % pour les ouvriers et de 24 à 19 % pour les paysans. On peut remarquer d'autre part, que même dans le cas d'une politique visant à favoriser la scolarisation des couches populaires, le milieu rural reste relativement défavorisé par rapport aux ouvriers : la part des fils d'ouvriers admis en faculté est régulièrement supérieure à celle des fils de paysans, alors que, dans la population active, les travailleurs de l'industrie et du bâtiment représentent 28 % et les travailleurs de l'agriculture 48 % (2).

* d'après Jan Szczepanski : *Socjologiczne zagadnienia wyższego wykształcenia 1963*.

(1) Le premier chiffre indique le pourcentage des candidats de la catégorie par rapport à l'ensemble des candidats ; le deuxième chiffre le pourcentage des étudiants de la catégorie qui ont été admis par rapport à l'ensemble des candidats admis.

(2) Source : *Rocznik statystyczny 1962* : Répartition de la population active en Pologne en 1960.

L'ORIGINE SOCIALE ET LES CHANCES SCOLAIRES EN HONGRIE

Tableaux 2.40. à 2.43.

2.40. *La proportion des élèves du second degré et des étudiants selon la catégorie socio-professionnelle du père*

CATÉGORIE SOCIO-PROFESSIONNELLE DU CHEF DE MÉNAGE	POUR 1 000 MÉNAGES			
	LYCÉENS	ÉLÈVES D'ÉCOLES TECHNIQUES	ENSEMBLE	ÉTUDIANTS D'UNIVERSITÉ
Cadres supérieurs, intellectuels	142	24	166	31
Autres cadres	108	32	140	25
Total des cadres	**121**	**29**	**150**	**28**
Ouvriers qualifiés ...	59	55	114	9
Ouvriers spécialisés ..	44	52	96	7
Manœuvres, etc.	33	47	81	5
Total des ouvriers ...	**48**	**52**	**100**	**7**
Total toutes catégories confondues	69	46	115	13

On voit que les chances d'accès à l'enseignement sont régulièrement plus fortes pour les fils de cadres supérieurs et que ce décalage est d'autant plus marqué que le degré de scolarisation est plus élevé : les fils de cadres supérieurs ont en effet *deux fois et demie* plus de chances d'entrer au lycée et *quatre fois* plus d'entrer à l'université que les fils d'ouvriers. D'autre part le type d'études secondaires reste lui aussi relié à l'origine sociale, les fils d'ouvriers se trouvant essentiellement, lorsqu'ils font des études secondaires, dans les écoles techniques.

* D'après une enquête de 1960, Ferge SANDORNE : *Statisztikai szemle*, Octobre 1962.

2.41. *Les notes obtenues et l'origine sociale*

TYPE D'ÉCOLE	MOYENNES DES NOTES ACCORDÉES (1)		Résultats des enfants de cadres par rapport à ceux des enfants d'ouvriers (%)
	ENFANTS DES CADRES	ENFANTS D'OUVRIERS	
Petites classes de 1 à 4 (école primaire)	4,01	3,40	117,9
Ecole primaire classes de 5 à 8 ...	3,72	3,16	117,7
Lycée	3,47	3,19	108,8

2.42. *La réussite scolaire et la catégorie socio-prof. du père (2)*

CATÉGORIE SOCIO-PROFESSIONNELLE DU PÈRE OU DE LA MÈRE	DANS LES ÉCOLES PRIMAIRES				DANS LES LYCÉES	
	CLASSES 1-4		CLASSES 5-8		CLASSES 3-1 DES LYCÉES FRANÇAIS	
	Meilleures notes	Notes les plus mauvaises	Meilleures notes	Notes les plus mauvaises	Meilleures Notes	Notes les plus mauvaises
Cadres supérieurs, intellectuels	49	3	34	6	20	15
Cadres moyens autres	34	4	24	12	17	15
Ensemble des cadres	40	4	28	10	18	14
Ouvriers qualifiés .	21	10	13	17	9	19
Ouvriers spécialisés	17	16	11	23	7	19
Manœuvres, etc. ..	8	24	6	29	14	20
Ensemble des ouvriers	17	15	11	21	10	19

(1) Les notes vont de 1 à 5.
(2) Pourcentages des élèves d'une catégorie sociale ayant obtenu les meilleures et les moins bonnes notes par rapport au total des élèves de la catégorie.

2.43. *Le réussite scolaire selon le niveau scolaire des parents* (1)

DIPLÔME LE PLUS ÉLEVÉ DU PÈRE OU DE LA MÈRE	DANS LES ÉCOLES PRIMAIRES				DANS LES LYCÉES	
	CLASSES 1-4		CLASSES 5-8		CLASSES 3-1 DES LYCÉES FRANÇAIS	
	Meilleures notes	Notes les plus mauvaises	Meilleures notes	Notes les plus mauvaises	Meilleures notes	Notes les plus mauvaises
Diplôme universitaire	49	2	41	2	22	10
Baccalauréat	40	1	29	7	16	8
Huit classes (primaires)	25	8	16	14	13	17
Moins de huit classes	13	19	8	26	9	20

On voit que, des petites classes jusqu'au lycée, l'origine sociale (qu'on la caractérise par la catégorie socio-professionnelle du père ou par le diplôme le plus élevé obtenu par les parents) détermine des chances de réussite d'autant plus grandes que les élèves appartiennent à des couches sociales plus favorisées sous le rapport de la culture. Si la disproportion des chances, à mesure que l'on avance dans les études, s'atténue (la supériorité des fils de cadres tombe de l'école primaire au lycée, de 117 % à 108 %) c'est, il ne faut pas l'oublier, que l'élimination continue des enfants des couches défavorisées met en présence, au lycée, des enfants de cadres et des enfants d'ouvriers sélectionnés avec une inégale rigueur.

---

(1) Pourcentages des élèves d'une catégorie sociale ayant obtenu les meilleures et les moins bonnes notes par rapport au total des élèves de la catégorie.

LES ÉTUDIANTS ET LA LANGUE D'ENSEIGNEMENT

Tableaux 2.44 à 2.49

Pour mesurer l'aptitude des étudiants à comprendre et à utiliser la langue d'enseignement, on a utilisé une épreuve de vocabulaire : les différents exercices qui ont été construits à partir du discours professoral, tel qu'il peut être objectivement observé, visaient à explorer deux dimensions dans l'emploi de la langue, d'une part *plusieurs domaines* de vocabulaire, depuis les plus scolaires jusqu'à ceux de la langue concrète ou de la culture libre ; d'autre part, *plusieurs niveaux* de comportement linguistique, depuis la compréhension d'un terme dans un contexte, jusqu'aux formes les plus actives de la manipulation des mots, comme la conscience explicite des polysémies ou l'aptitude à formuler complètement une définition.

Cette enquête révèle deux faits fondamentaux, l'importance du malentendu linguistique dans l'enseignement supérieur et le rôle déterminant de l'héritage linguistique. Mais on s'interdirait de rendre raison complètement et systématiquement de toutes les différences que font apparaître des critères d'analyse tels que l'origine sociale, le sexe ou telle ou telle caractéristique du passé scolaire, si l'on ne prenait pas en compte que les populations découpées par ces critères ont été *inégalement sélectionnées* au cours de la scolarité antérieure. Ainsi, les relations que découvre l'analyse statistique ne s'établissent pas, contrairement aux apparences, entre un groupe défini exclusivement par les critères qui le constituent, et le degré de réussite : par exemple, les résultats à une épreuve de langage ne sont jamais le fait d'étudiants caractérisés seulement par leur formation antérieure, leur origine sociale et leur sexe, ou même par la combinaison de tous ces critères, mais du groupe qui, par cela même qu'il est doté de ces caractéristiques, n'a pas subi l'élimination par l'échec au même degré qu'un groupe défini par d'autres caractéristiques. Autrement dit, c'est commettre un paralogisme que de croire saisir directement et exclusivement l'influence, même croisée, de facteurs comme l'origine sociale ou le sexe dans des relations synchroniques qui, s'agissant d'une population définie par un certain passé, lui-même défini par l'action continue dans le temps de ces facteurs, ne prennent tout leur sens que dans le contexte de la *carrière* comme seule totalité concrète.

2.44. *Le maniement de la langue selon l'origine sociale et le type de formation scolaire*

	Ni grec ni latin			Latin			Latin et grec			Ensemble		
	Classes populaires	Classes moyennes	Classes supérieures	Classes populaires	Classes moyennes	Classes supérieures	Classes populaires	Classes moyennes	Classes supérieures	Classes populaires	Classes moyennes	Classes supérieures
Moins de 12	52	54	39	48	58	52	38,5	55	26,5	46	55	57,5
Plus de 12	48	46	61	52	42	48	61,5	45	73,5	54	45	42,5

Si le désavantage attaché à l'origine sociale est principalement relayé par les orientations scolaires, il est normal que les fils de cadres supérieurs obtiennent les meilleurs résultats lorsqu'ils ont reçu la formation la plus classique ou la formation la moins classique tandis que les étudiants originaires des classes populaires l'emportent dans le sous-groupe des latinistes parce qu'ils doivent sans doute d'avoir fait du latin à une particularité de leur milieu familial et parce que, appartenant à une catégorie où cette orientation est plus rare, ils ont dû manifester des qualités particulières pour recevoir cette orientation et y persévérer. C'est un phénomène analogue qui s'observe dans le sous-groupe défini par la formation la plus classique où les étudiants issus des classes populaires ont des résultats sensiblement égaux à l'ensemble des étudiants qui ont fait du latin et du grec (61,5 % contre 62 % pour l'ensemble) et, légèrement inférieurs à ceux des étudiants des classes supérieures (73,5 %) se qui s'explique par le fait qu'ils se mesurent dans ce sous-groupe à la fraction des étudiants aisés qui ont complètement utilisé leur privilège et tiré tout le parti de leur orientation scolaire grâce aux mille avantages que procure l'appartenance à un milieu cultivé.

2.45 et 2.46. *Le maniement de la langue selon l'origine sociale et la résidence parisienne ou provinciale*

Si l'on va jusqu'au bout de la logique, il faut s'attendre que la relation entre la hiérarchie des résultats linguistiques et la hiérarchie des milieux d'origine tende progressivement à s'inverser à mesure que la sélection des classes défavorisées devient plus rigoureuse. Et de fait, si, à quelque milieu qu'ils appartiennent, les étudiants parisiens obtiennent des résultats supérieurs à ceux des étudiants provinciaux, c'est parmi les étudiants originaires des classes populaires que la différence est la plus marquée (soit 91 % contre 46 % au lieu de 65 % et 59 % pour les classes supérieures), les étudiants originaires des classes populaires obtenant à Paris les meilleurs résultats, suivis par les étudiants des classes moyennes et les étudiants des classes supérieures. Pour comprendre cette inversion de la relation habituelle, il faut considérer que l'atmosphère culturelle liée à la résidence parisienne est associée d'une part à des avantages linguistiques, d'autre part à une sélection plus rigoureuse. Si on définit en valeur relative (+ ou —) les avantages linguistiques qui tiennent au milieu familial et la rigueur de la sélection dans les différents cas, on voit qu'il suffit de composer ces valeurs pour rendre compte de la hiérarchie des résultats à l'exercice de langue. (*voir p. 176*).

	PARIS			PROVINCE			ENSEMBLE		
	Classes populaires %	Classes moyennes %	Classes supérieures %	Classes populaires %	Classes moyennes %	Classes supérieures %	Classes populaires %	Classes moyennes %	Classes supérieures %
Moins de 12	9	31	**35**	54	**60**	41	46	**55**	42,5
Plus de 12	**91**	69	65	46	40	**59**	54	45	**57,5**

		Avantages linguistiques	Sélection à l'entrée de l'Université		Niveau linguistique
Classes populaires	Paris	−	+	↑	+
	Province	−	+	↑	−
Classes moyennes	Paris	−	+	↑	0 (+)
	Province	−	0	↑	−
Classes supérieures	Paris	+	−	↑	0
	Province	+	−	↑	0

Les + et les − définissent des valeurs relatives qui situent pour le phénomène considéré dans une colonne la position respective des trois groupes, le 0 définissant la position intermédiaire.

2.47. *Le maniement de la langue selon le sexe et le type de formation scolaire*

	Ni grec ni latin		Latin		Latin et grec		Ensemble	
	Garçons %	Filles %	Garçons %	Filles %	Garçons %	Filles %	Garçons %	Filles %
Moins de 12	34	**60**	39	**58,5**	**41,5**	96	38	**54**
Plus de 12	**66**	40	**61**	41,5	58,5	**64**	**62**	46

Les % étant calculés par colonnes, on a souligné la plus forte tendance par ligne à l'intérieur de chacune des trois formations.

Il n'est pas jusqu'à l'exception apparente qui ne se comprenne dans la logique de la relation entre le degré de sélection et le degré de réussite. Alors que les garçons qui n'ont fait ni latin ni grec, ou du latin seulement, obtiennent des résultats supérieurs aux filles de même formation, ce sont les filles qui obtiennent les meilleurs résultats dans le groupe des hellénistes (64 % d'entre elles contre 50,5 % des garçons obtiennent une note supérieure à la note médiane). Cette inversion de la différence habituelle s'explique indiscutablement par le fait que les filles ont moins de chances que les garçons de recevoir cette formation, en sorte que celles qui la reçoivent se trouvent par là plus sélectionnées que les garçons de même formation.

2.48 et 2.49. *Le maniement de la langue selon le sexe et l'origine sociale*

Si l'on définit, ici encore, en valeur relative, les avantages linguistiques tenant à l'origine sociale et au taux de sélection qu'impliquent, pour les sujets de chaque sexe et de chaque classe sociale, l'entrée à l'université et, au second degré, à la faculté des lettres, on voit qu'il suffit de composer ces valeurs pour rendre raison de la hiérarchie des résultats obtenus par chaque groupe à l'exercice de définition.

		Avantages linguistiques	Sélection à l'entrée de l'Université	Sélection à l'entrée de la Fac. des Lettres		Niveau linguistique
Classes populaires	Garçons	−	+	+	↑	+
	Filles	−	+	−	↑	−
Classes moyennes	Garçons	−	0	+	↑	**0**
	Filles	−	0	−	↑	−
Classes supérieures	Garçons	+	−	++	↑	++
	Filles	+	−	−	↑	−

	Classes populaires		Classes moyennes		Classes supérieures		Ensemble	
	Garçons %	Filles %	Garçons %	Filles %	Garçons %	Filles %	Garçons %	Filles %
Moins de 12 .	35,5	**53,5**	43	**60,5**	33	**47**	38	**54**
Plus de 12 ..	**64,5**	46,5	**57**	39,5	**67**	53	**62**	46

L'expression des degrés relatifs de sélection en termes de + ou de − est la traduction approchée des données fournies par le calcul des chances d'accès à l'université et des probabilités conditionnelles d'accès à la faculté des lettres dans les divers sous-groupes (cf. *supra* p. 13).

LE RENDEMENT DIFFÉRENTIEL DE L'HÉRITAGE UNIVERSITAIRE

2.50. *Les fils d'enseignants dans les diverses facultés*

	Lettres	Sciences	Médecine	Pharmacie	Droit	Ensemble	Population active
Rapport I.	$\dfrac{1}{3,2}$	$\dfrac{1}{7,4}$	$\dfrac{1}{8,6}$	$\dfrac{1}{11,7}$	$\dfrac{1}{12,8}$	$\dfrac{1}{6}$	$\dfrac{1}{7,4}$
Rapport II	$\dfrac{1}{2,8}$	$\dfrac{1}{3,2}$	$\dfrac{1}{3,2}$	$\dfrac{1}{3,7}$	$\dfrac{1}{3,7}$	$\dfrac{1}{9,1}$	$\dfrac{1}{5,3}$

Pour mesurer l'avantage différentiel que procure dans les différentes facultés l'appartenance à une famille d'enseignants, on a rapporté, pour chaque faculté, le nombre d'étudiants fils de professeurs au nombre global d'étudiants fils de cadres supérieurs (rapport I) ainsi que le nombre d'étudiants fils d'instituteurs et assimilés au nombre global d'étudiants fils de cadres moyens (rapport II). En comparant les rapports ainsi obtenus au rapport des professeurs à l'ensemble des cadres supérieurs et au rapport des instituteurs à l'ensemble des cadres moyens dans la population active (soit 1/7 et 1/5), on voit que les fils d'enseignants ne sont plus que proportionnellement représentés (pour les deux niveaux de la stratification) que dans les facultés des lettres et des sciences.

LA RELÉGATION DANS LES FACULTÉS DES SCIENCES

Tableaux 2.51 à 2.53

Les fils d'ouvriers sont plus représentés à la faculté des sciences qu'à la faculté des lettres ; en outre, ce sont les facultés des sciences qui ont, plus que toutes les autres, bénéficié de la démocratisation relative du recrutement observable entre les années 1960 et 1965 : la part des fils d'ouvriers est passée dans ces facultés de 8,5 % à 15 % alors que, durant la même période, elle passait de 7 à 11 % dans l'ensemble de l'enseignement supérieur. Mais on ne saurait expliquer complètement ce phénomène en faisant abstraction des autres carrières scolaires qui s'offrent aux scientifiques, à commencer par les classes préparatoires aux grandes écoles. Si les fils d'ouvriers, dont les chances d'accès à l'enseignement supérieur sont très faibles, ont, lorsqu'ils y accèdent, plus d'une chance sur deux de faire des études de sciences, il faut remarquer qu'ils ne se dirigent qu'exceptionnellement vers les classes préparatoires aux grandes écoles ou ils ne représentent que 6 % de l'ensemble des élèves ; et dans les grandes écoles elles-mêmes, leur représentation est encore plus faible : 1,9 % à l'Ecole Normale supérieure et 2 % à l'Ecole polytechnique. Ainsi, le caractère apparamment plus démocratique du recrutement des facultés des sciences disimule en réalité un effet de relégation.

2.51. *L'origine sociale des étudiants en sciences dans les divers établissements d'enseignement supérieur*

	Facultés des Sciences (1964-65) %	Classes préparatoires (1963-64) %	E. N. S. Sciences (1965-66) %
Agriculteurs	**8,5**	3,4	2,9
Ouvriers	**13,5**	6,0	1,9
Employés	**9,5**	6,2	2,9
Art. et Comm. ..	**13,5**	7,2	8,9
Cadres moy.	**22,0**	16,0	16,0
Cadres sup.	33,0	61,2	**67,4**
Total	100	100	100

2.52. *L'établissement en sixième*

2.53
*La section
en sixième*

	C.E.G %	Etabl. privé %	Lycée %	Mo- derne %	Clas- sique %
Agriculteurs	**51,5**	20,0	28,5	**73,0**	27,0
Ouvriers	**59,0**	5,5	35,5	**80,0**	20,0
Employés	46,0	11,5	42,5	68,5	31,5
Art. et comm. ...	40,0	17,5	42,5	68,0	32,0
Cadres moy.	35,0	10,5	54,5	63,0	37,0
Instituteurs	33,5	3,5	**63,0**	49,0	51,0
Cadres sup.	14,0	**24,0**	**62,0**	31,5	**68,5**
Cadres scient. ...	15,5	**28,5**	56,0	36,5	**63,5**
Professeurs	7,5	12,0	80,5	16,5	83,5

En outre, l'engrenage qui conduit les étudiants originaires des classes populaires à la relégation dans les facultés des sciences est mis en place dès le moment de leur entrée en sixième : le plus souvent condamnés aux C. E. G., c'est-à-dire, presque automatiquement, à la section moderne, ils n'ont d'autre ressource que de s'efforcer de vivre un choix forcé comme vocation.

2.53. *La section en faculté selon l'origine sociale*

	S.P.C.N. %	M.P.C. %	M.G.P. %
Agriculteurs	**31**	45	24
Ouvriers	23	**49**	28
Employés	24	**49**	27
Art. et comm. ..	24	47	29
Cadres moy.	25	41	34
Instituteurs	23	40	37
Cadres sup.	24	39	37
Cadres scient. ..	21	31	**48**
Professeurs	21	23	56

Le même effet de relégation s'observe encore à l'intérieur des facultés des sciences : la hiérarchie des prestiges attachés aux différentes sections telle que l'établit le consensus académique coïncide *grosso modo* avec la hiérarchie des origines sociales ; ainsi les étudiants originaires des classes populaires sont d'autant plus représentés que l'on descend dans la hiérarchie des prestiges des différentes sections. Ces quelques exemples suffisent à montrer que les mécanismes qui assurent la transmission de l'héritage culturel ne sont pas différents dans leur principe de ceux qui ont été décrits pour les facultés des lettres, même s'ils prennent une forme spécifique (1).

---

(1) Cf. M. de SAINT-MARTIN et L. BOLTANSKI, R. CASTEL, M. LEMAIRE, sous la direction de P. BOURDIEU, *Les étudiants en sciences du premier cycle*, Paris, C. S. E., 1966.

index

---

(1) Les pages auxquelles renvoie cet index peuvent traiter du thème sans contenir le mot même qui le désigne ici.

D

table des matières

« LE SENS COMMUN »

C. Bally, K. Bühler, E. Cassirer, W. Doroszewski, A. Gelb, R. Goldstein, G. Guillaume, A. Meillet, E. Sapir, A. Sechechraye, N. Trubetzkoy, *Essais sur le langage.*

Gregory Bateson, *La cérémonie du Naven — Les problèmes posés par la description sous trois rapports d'une tribu de Nouvelle-Guinée.*

Emile Benveniste, *Vocabulaire des institutions indo-européennes — 1. Economie, parenté, société. — 2. Pouvoir, droit, religion.*

Basil Bernstein, *Langage et classes sociales — Codes sociolinguistiques et contrôle social.*

Jean Bollack, *Empédocle — 1. Introduction à l'ancienne physique. — 2. Les Origines, édition critique et traduction des fragments et témoignages. — 3. Les Origines, commentaires.*

Jean Bollack, *La pensée du plaisir — Epicure : textes moraux, commentaires.*

Jean Bollack, M. Bollack, H. Wismann. *La lettre d'Epicure.*

Jean Bollack, H. Wismann, *Héraclite ou la séparation.*

Luc Boltanski, *Le bonheur suisse.*

Pierre Bourdieu, L. Boltanski, R. Castel, J.-C. Chamboredon, *Un art moyen — Les usages sociaux de la photographie.*

Pierre Bourdieu, Alain Darbel (avec Dominique Schnapper), *L'amour de l'art — Les musées d'art européens et leur public.*

Pierre Bourdieu, J.-C. Passeron, *Les héritiers — Les étudiants et la culture.*

Pierre Bourdieu, J.-C. Passeron, *La reproduction — Eléments pour une théorie du système d'enseignement.*

Ernst Cassirer, *Essai sur l'homme.*

Ernst Cassirer, *Langage et mythe — A propos des noms de dieux.*

Ernst Cassirer, *La philosophie des formes symboliques — 1. Le langage — 2. La pensée mythique — 3. La phénoménologie de la connaissance.*

Darras, *Le partage des bénéfices — Expansion et inégalités en France (1945-1965).*

Emile Durkheim, *Textes — 1. Eléments d'une théorie sociale — 2. Religion, morale, anomie — 3. Fonctions sociales et institutions.*

Erving Goffman, *Asiles — Etudes sur la condition sociale des malades mentaux.*

Erving Goffman, *La mise en scène de la vie quotidienne* — 1. *La présentation de soi* — 2. *Les relations en public.*

Erving Goffman, *Les rites d'interaction.*

Erving Goffmann, *Stigmate* — *Les usages sociaux des handicaps.*

Claude Grignon, *L'ordre des choses* — *Les fonctions sociales de l'enseignement technique.*

Maurice Halbwachs, *Classes sociales et morphologie.*

Richard Hoggart, *La culture du pauvre* — *Etude sur le style de vie des classes populaires en Angleterre.*

Alain de Lattre, *L'occasionalisme d'Arnold Geulincx* — *Etude sur la constitution de la doctrine.*

Ralph Linton, *De l'homme.*

Herbert Marcuse, *Culture et société.*

Herbert Marcuse, *Raison et révolution* — *Hegel et la naissance de la théorie sociale.*

Louis Marin, *La critique du discours* — *Sur « La logique de Port-Royal » et « Les Pensées » de Pascal.*

Alexandre Matheron, *Individu et communauté chez Spinoza.*

Marcel Mauss, *Œuvres* — 1. *Les fonctions sociales du sacré* — 2. *Représentations collectives et diversité des civilisations* — 3. *Cohésion sociale et divisions de la sociologie.*

Raymonde Moulin, *Le marché de la peinture en France.*

Georges Mounin, *Introduction à la sémiologie.*

S. F. Nadel, *La théorie de la structure sociale.*

Erwin Panofsky, *Architecture gothique et pensée scolastique,* précédé de *L'abbé Suger de Saint-Denis.*

Erwin Panofsky, *La perspective comme forme symbolique.*

Luis J. Prieto, *Pertinence et pratique* — *Essai de sémiologie.*

A. R. Radcliffe-Brown, *Structure et fonction dans la société primitive.*

Edward Sapir, *Anthropologie* — 1. *Culture et personnalité* — 2. *Culture.*

Edward Sapir, *Linguistique.*

Joseph Schumpeter, *Impérialisme et classes sociales.*

Peter Szondi, *Poésie et Poétique de l'idéalisme allemand.*

CET OUVRAGE A ÉTÉ ACHEVÉ D'IMPRIMER
LE DIX NOVEMBRE MIL NEUF CENT SOIXANTE-
QUINZE SUR LES PRESSES DE L'IMPRIMERIE
CORBIÈRE ET JUGAIN A ALENÇON ET INSCRIT
DANS LES REGISTRES DE L'ÉDITEUR SOUS LE
NUMÉRO 1139